长三角
信用服务行业
发展报告
2024

REPORT ON THE DEVELOPMENT
OF CREDIT SERVICE INDUSTRY
IN THE YANGTZE RIVER DELTA

上海市信用服务行业协会 等

编著

上海社会科学院出版社
SHANGHAI ACADEMY OF SOCIAL SCIENCES PRESS

编 委 会

主　　　任　施建军

副 主 任　茆训诚　杨亚琴

编　　　委　（以姓氏笔画为序）

丁邵琼　王平安　孔令强　刘海滨

孙海彬　陈良贵　林　海　赵东岩

姚　翔　郭继峰　谢　杰　谢晓波

楼月盛　樊　芸

执 行 主 编　魏文静

执行副主编　武英涛　王　吉

序
FOREWORD

"人而无信,不知其可。"诚信是中华民族的传统美德,是社会主义核心价值观的重要内容,也是经济社会健康有序发展的基石。

习近平总书记高度重视社会信用体系建设,指出"社会主义市场经济是信用经济、法治经济",强调"企业无信,则难求发展;社会无信,则人人自危;政府无信,则权威不立"。社会信用体系是市场经济稳健高效运转的重要基础,党的二十大报告提出"构建高水平社会主义市场经济体制""完善产权保护、市场准入、公平竞争、社会信用等市场经济基础制度"。2004年以来,长三角地区肩负中国式现代化先行探路、引领示范、辐射带动的使命,在打造经济增长重要引擎、新时代改革开放新高地、区域一体化发展示范区等方面均取得了举世瞩目的成就,尤其是在推进中国特色社会信用体系建设的过程中,探索形成了一系列富有成效的创新举措,为长三角经济社会高质量发展注入了强大的信用活力与发展动力。

回顾长三角一体化发展,特别是社会信用体系建设20年来波澜壮阔的发展历程,我们不难发现,为培育新质生产力、推进高质量发展,政府、企业和个人三方自发汇聚形成了推进社会信用体系建设的内生动力,在法治建设、体制探索、模式创新、科技赋能、数据治理、诚信建设等方面均实现了创新突破与示范引领,为长三角营商环境转型升级乃至经济社会高质量发展提供了坚实的保障,实现了信用体系建设、服务政府转型、营商环境升级、经济社会发展的良性循环。长三角信用体系建设的发展历程与丰硕成果,为我国进一步完善信用体系顶层设计、制定信用建设实施路径、提高信用建设协同创新水平提供了宝贵的理论支持和实践经验。

本报告从国内外信用服务行业发展历程、长三角一体化战略推进的宏观视角切入，对长三角信用服务行业的发展现状、市场格局、绿色溢出效应、问题和趋势等进行了中观视角的调研分析，并对上海、浙江、江苏、安徽具有地方特色的信用体系发展模式及典型创新案例进行了微观视角的梳理整合，为读者徐徐展开了长三角信用服务行业高质量发展的历史画卷。本报告能够为我国社会信用体系建设相关政府部门和监管机构、信用服务行业从业人员、金融机构和信息科技企业、高校院所研究人员等提供长三角信用体系建设全域视角的专业分析与解读，具有较高的学术价值和实践指导意义。最后，希望本报告能为长三角信用服务行业高质量发展、国家加快构建具有中国特色的社会信用体系提供借鉴参考和积极助益。

是为序。

远东资信评估有限公司名誉董事长　邢　军

2024年3月

前 言
PREFACE

长江三角洲地区(简称"长三角")包括江苏、浙江、安徽和上海三省一市,是我国经济总量最大、发展最为活跃、开放程度最高、创新能力最强的重要区域之一。根据《长江三角洲区域一体化发展规划纲要》和《长三角一体化发展规划"十四五"实施方案》,长三角地区作为"我国贯彻新发展理念的引领示范区",在国家现代化建设大局和全方位开放格局中具有举足轻重的战略地位。2018年,长三角区域一体化发展上升为国家战略,着力落实新发展理念,构建现代化经济体系,推进更高起点的深化改革和更高层次的对外开放,同"一带一路"建设、京津冀协同发展、长江经济带发展、粤港澳大湾区建设相互配合,完善中国改革开放的空间布局。着力推进长三角区域一体化发展,对于优化区域资源流动和配置、增强区域经济的内生动力和发展韧性、打造世界级的城市群和经济增长极、提升我国的综合实力和国际影响力具有重大的现实意义与深远的战略意义。

在区域一体化发展的过程中,社会信用体系建设水平是决定长三角实现高质量发展、提升城市群国际核心竞争力的重要因素之一,对规范市场经济秩序、优化营商环境及提高社会治理水平都会产生直接而深远的影响。深入推进区域信用一体化建设,是长三角区域一体化高质量发展的引擎,将整体提升长三角区域营商环境的质量。夯实区域高质量发展与现代化建设的信用支撑,其成功实践不仅能有效深化长三角区域一体化持续高质量发展,而且能够为全国乃至全球区域信用体系建设发挥引领与示范作用。

2004年,苏浙沪三地政府签署了《江苏省、浙江省、上海市信用体系建设合作备忘录》,拉开了区域信用体系合作的序幕。2008年,长三角信用服务机构开始实施备案互认,建立了全国第一个跨区域的信用信息共享平台——"信用长三角"。2016年,国家发展改革委批复同意长三角地区创建国家社会信用体系建设区域合作示范区,"信用长三角"探索社会信用体系建设跨区域"信息共享、监管共为、市场共育、规制共建、品牌共铸"的模式,为全国提供了区域信用合作的示范经验。

"十四五"期间,长三角区域信用合作取得了战略性的成效。2020年长三角征信机构联盟成立,这是我国第一个区域信用联盟。2020年以来,长三角区域信用体系建设取得积极进展,环境保护、旅游、食品安全、产品质量等领域的信用联合奖惩合作备忘录和失信名单认定标准进一步修订完善,已经从基础合作走向深度融合,为营造区域诚信的营商环境、增强区域的凝聚力和竞争力、实现长三角区域信用高质量一体化发展打下了坚实基础。长三角地区以其先进的理念和技术,不仅在建立健全信用信息共享平台、推广信用产品与服务方面走在全国前列,而且在探索新型信用工具、创新信用应用场景、培育信用人才队伍等方面取得了显著成效。

在长三角区域信用一体化建设的过程中,信用服务行业征信机构已经成为不可或缺的引导力量,对提高长三角区域资源配置效率、降低制度性交易成本、防范和化解市场风险发挥了重要作用。截至2023年底,我国共有备案征信机构149家,而长三角区域备案征信机构共计41家(上海23家、江苏7家、浙江9家、安徽2家),约占全国备案征信机构总数的27.5%。长三角信用服务行业已融入生产—分配—流通—消费各环节,充分发挥了信用机制在经济循环中的保障性作用。

未来全球治理格局和新贸易保护主义的变化将对营商环境提出更高要求。尤其是随着长三角区域科创中心的崛起,大数据、区块链和人工智能等新技术得到广泛应用,新兴产业将催生信用服务行业的技术变革和管理模式变革。长三角区域信用一体化建设需要进一步探索制度的适应性变革,共同推动长三角区域社会信用体系建设高质量一体化发展取得新的突破和成效。

为了进一步深入贯彻落实《长江三角洲区域一体化发展规划纲要》和《长三角一体化发展规划"十四五"实施方案》,上海市信用服务行业协会等组织编写了

《长三角信用服务行业发展报告(2024)》。本书旨在从全球视野分析信用服务行业的内涵与分类及发展趋势,梳理长三角信用服务行业的发展历程,基于长三角信用服务行业涉足的业务领域,立体式展示长三角信用服务行业的实践探索,分析长三角信用服务行业发展对优化营商环境和发展绿色经济的推进作用,彰显长三角信用服务行业在长三角区域一体化进程中不可或缺的积极影响力。

在《长江三角洲区域一体化发展规划纲要》和《长三角一体化发展规划"十四五"实施方案》的指导下,长三角区域信用一体化建设经历了二十载耕耘,对全国其他区域的信用一体化集群发展产生了积极的影响。我们诚挚希望本书为继续深化长三角乃至全国其他区域的信用一体化建设提供重要的参考依据。我们希望本书的出版,能够见证并推动长三角地区更加诚信、透明和高效的信用新生态构筑与繁荣,为长三角一体化高质量发展、加快中国式现代化建设提供信用服务行业的力量。

编委会
2024 年 3 月

目 录
CONTENTS

序 ………………………………………………………………………………… 1

前 言 ……………………………………………………………………………… 3

第一章 信用服务行业的内涵与分类 ………………………………………… 1
  第一节 信用服务行业的内涵 ………………………………………………… 1
  第二节 信用服务行业的分类 ………………………………………………… 2
    一、征信服务 ……………………………………………………………… 2
    二、信用评级 ……………………………………………………………… 3
    三、信用科技 ……………………………………………………………… 5
    四、信用风险管理服务 …………………………………………………… 6

第二章 信用服务行业的发展历程与趋势 …………………………………… 8
  第一节 我国信用服务行业的发展历程 ……………………………………… 8
    一、初创探索阶段(1987—1995 年) ……………………………………… 8
    二、起步阶段(1996—2002 年) …………………………………………… 9
    三、规范发展阶段(2003—2014 年) ……………………………………… 10
    四、快速发展阶段(2015—2017 年) ……………………………………… 13
    五、高质量发展阶段(2018 年至今) ……………………………………… 14
  第二节 发达国家信用服务行业的发展历程与特点 ………………………… 16

　　　　一、发达国家信用服务行业的发展历程 ………………………… 16
　　　　二、发达国家信用服务行业的发展特点 ………………………… 17
　　第三节　全球信用服务行业发展面临的挑战与趋势 ……………… 22
　　　　一、全球信用服务行业发展面临的挑战 ………………………… 22
　　　　二、全球信用服务行业的发展趋势 ……………………………… 24

第三章　长三角信用服务行业的发展现状与市场格局 …………… 29
　　第一节　长三角信用服务行业的发展现状与特点 ………………… 29
　　　　一、上海市信用服务行业的发展现状与特点 …………………… 29
　　　　二、江苏省信用服务行业的发展现状与特点 …………………… 33
　　　　三、浙江省信用服务行业的发展现状与特点 …………………… 34
　　　　四、安徽省信用服务行业的发展现状与特点 …………………… 34
　　第二节　长三角信用服务行业的市场格局 ………………………… 35
　　　　一、长三角信用服务行业的备案机构分析 ……………………… 36
　　　　二、长三角信用服务行业的市场格局与分布特点 ……………… 38
　　第三节　长三角信用服务一体化发展的现状与特点 ……………… 52
　　　　一、长三角信用服务一体化发展的历程与现状 ………………… 52
　　　　二、长三角信用服务一体化发展的特点与趋势 ………………… 55

第四章　长三角信用服务行业发展的溢出效应 …………………… 57
　　第一节　长三角信用服务行业对营商环境的影响路径与效应评估 …… 57
　　　　一、长三角信用服务行业对营商环境的影响路径 ……………… 57
　　　　二、长三角信用服务行业对营商环境的效应评估 ……………… 63
　　第二节　信用长三角一体化发展的溢出绿色经济效应分析与评价 …… 67
　　　　一、信用服务行业在长三角地区的绿色信用服务业务情况 …… 67
　　　　二、绿色债券评估认证促进长三角绿色经济发展 ……………… 70
　　　　三、ESG 评价促进长三角绿色经济发展 ………………………… 74

第五章 长三角信用服务行业发展面临的问题与建议 ········· 78
第一节 长三角信用服务行业发展趋势 ··················· 78
一、国家顶层设计为长三角信用服务行业发展赋予新使命 ········ 78
二、监管政策引导为长三角信用服务行业发展指明新方向 ········ 78
三、市场规模扩大为长三角信用服务行业发展创造新机遇 ········ 79
四、信用科技兴起为长三角信用服务行业发展拓展新内涵 ········ 80
第二节 长三角信用服务行业发展面临的问题与建议 ········· 80
一、长三角信用服务行业发展面临的问题 ················ 80
二、进一步推进长三角信用服务行业发展的建议 ············ 81

第六章 信用赋能长三角高质量发展实践 ··················· 83
第一节 上海:"信易贷"平台"技术+模式"双轮驱动服务实体经济 ········· 83
一、上海"信易贷"工作开展的总体情况 ················ 83
二、技术驱动,提升上海"信易贷"平台功能的探索 ·········· 86
三、模式创新,提升上海"信易贷"服务效能的探索 ·········· 88
四、展望未来 ································ 91
第二节 浙江:"数据和应用"双重视角推进社会信用体系数字化 ···· 91
一、社会信用体系数字化的必要性 ··················· 92
二、浙江省社会信用体系数字化的实践经验 ·············· 93
三、浙江省社会信用体系数字化的完善路径 ·············· 95
第三节 江苏:征信赋能普惠金融高质量发展 ··············· 98
一、聚焦普惠金融场景拓展,强化基础平台建设,服务实体经济显成效 ··········· 98
二、聚焦征信体系构建,强化征信服务能力,赋能高质量发展见实招 ··········· 101
三、聚焦科技创新探索实践,强化创新能力提升,价值挖掘出成果 ··········· 102

四、聚焦信用服务生态圈打造，提升信用服务专业度，助力信用
　　　　行业发展做表率 ································· 104
第四节　安徽：信用赋能金融创新 ························· 105
　　一、数据赋能金融支撑生态 ··························· 106
　　二、数据赋能金融服务生态 ··························· 107
　　三、数据赋能金融协同生态 ··························· 107
　　四、信用赋能金融服务创新 ··························· 108

第七章　信用赋能长三角市场创新案例 ····················· 111

附　录 ·· 209
　　一、信用长三角区域合作重要文件(2010—2023年) ········ 209
　　二、长三角信用大事记(2010—2023年) ················· 209
　　三、长三角绿色金融地方政策(2020—2023年) ··········· 210

后　记 ·· 212

第一章
信用服务行业的内涵与分类

从全球来看,信用服务行业最早出现在欧美发达国家,伴随市场经济发展而生,旨在为市场主体提供有效的信用信息,以降低交易成本、提高交易效率、保证交易安全、激发交易活力。

第一节 信用服务行业的内涵

信用是利用人们之间的可信赖承诺来实现交换或交易的机制。信用是市场经济发展的基石,西方发达国家信用体系建立至今已有200多年。信用体现在社会活动的各个方面,不仅促进市场经济的增长,而且进一步发展了市场交易。同时,信用交易带来的一些问题和困难也日益凸显:信用交易需要更加充分地了解和把握彼此之间的真实信息,交易成本较高;信用交易的时间属性是未来的,它是将要在未来某个时间完成的交易,风险较大。因此,为了有效解决以上两个突出的问题,信用服务应运而生。

一般来说,信用服务通过两个方面来提供:一是政府提供的公共服务;二是商业机构提供的特别服务,它需要通过市场化运作来实现。本研究报告的信用服务是指商业机构提供的以营利为目的的服务。信用服务行业是社会信用体系建设的重要力量,是促进信用服务市场发展壮大的主体,[1]信用服务市场参与主

---

[1] 王伟、熊文邦:《我国信用服务业分类规制研究》,《征信》2019年第12期。

体包括信用服务供给者、使用者和监督者,信用服务行业是信用服务供给者,企业、个人是信用服务使用者,而政府和行业协会是信用服务监督者。

因此,信用服务行业的内涵可定义为以营利为目的、由第三方专门从事信用信息收集、整理和加工,并提供相关信用产品和服务的生产部门、企业和中介机构的总称(这里定义的范围大于2013年颁发的《征信业管理条例》中对征信业定义的范围)。信用服务行业具有信息收集、加工、处理和传递的功能,其在信用风险防范、信用交易促进方面起着重要作用,是一种智力与技术密集、专业化程度和市场集中度相对较高的行业。

尽管银行等信贷机构、多数生产制造企业等有自己的信用管理部门或类似的客户风险管理部门,例如各银行的信用卡中心,但不属于信用服务企业。而专门从事信用保险、信用担保等上下游关系的企业属于信用服务行业。基于互联网信息和大数据分析的大数据征信公司服务对象多为互联网金融公司,信用管理服务后续环节的商业保理也属于信用服务行业。

第二节 信用服务行业的分类

随着信用服务行业的不断发展壮大,信用服务行业的内涵与外延都发生了重大变化,科学、合理划分信用服务行业变得十分重要。长三角信用服务行业是目前我国信用服务行业聚集程度最高、服务门类相对最为齐全的区域,因此,以长三角信用服务行业为研究对象,根据信用服务行业相关的法律法规和《国民经济行业分类》标准,按照信用服务行业的内容与技术运用手段等进行分类,总体上可将信用服务行业分为以下四大类。

一、征信服务

(一)征信服务内涵

征信服务指接受政府、第三方企事业单位或者个人委托,对相关主体的信用状况进行调查,并提供征信报告的相关活动,以及接受政府部门和行业协会委托，为社会信用体系建设或某个行业的信用体系建设提供整体解决方案的活动。

（二）主要业务类型

1. 企业征信

企业征信也称商业征信，是指征信机构作为提供信用信息服务的企业，按一定规则合法采集企业、个人的信用信息，加工整理形成企业的信用报告等征信产品，有偿提供给经济活动中的贷款方、赊销方、招标方、出租方、保险方等有合法需求的信息使用者，为其了解交易对方的信用状况提供便利。

2. 个人征信

个人征信指依法设立的个人信用征信机构对个人信用信息进行采集和加工，并根据用户要求提供个人信用信息查询和评估服务的活动。个人信用报告是征信机构把依法采集的信息，依法进行加工整理，最后依法向合法的信息查询人提供的个人信用历史记录。个人征信行业也就是以进行个人征信服务为主的企业行业，通过基本的征信报告提供服务和基于互联网技术的个人信用综合解决方案，如贷款决策系统外包、信用卡实时信用分析数据传送等实现盈利。征信公司提供的信用调查报告一般不向社会公开，仅供委托人决策参考。

二、信用评级

（一）信用评级内涵

信用评级也称资信评级，是指由专业的独立机构通过收集定性、定量的信用信息，对影响经济主体或金融工具的风险因素进行综合考查，从而对这些经济主体的能力和意愿进行评价，并用简单的符号将这些意见向市场公开，达到为投资者服务目的的一种经济活动。区别于征信公司，信用评级机构提供的信用评级报告主要向社会公开，为公众、投资者决策提供参考。

（二）主要业务类型

1. 工商企业信用评级服务

工商企业信用评级服务是指非金融机构为了发行债券或者银行贷款等经

济活动的需要,委托专业信用服务机构对本企业的信用状况进行综合评价的活动。

2. 金融机构信用评级服务

金融机构信用评级服务是指金融机构(商业银行、保险公司、证券公司等)在发行债券等金融工具时,委托专业信用服务机构对本企业的信用状况进行综合评价的活动。

3. 结构融资信用评级服务

结构融资信用评级服务是指企业为了发行资产证券化等结构性融资产品,委托专业信用服务机构对本企业的信用状况进行综合评价的活动。

4. 公共融资信用评级服务

公共融资信用评级服务是指地方政府相关部门为了融资等活动的需要,委托专业信用服务机构对政府融资平台的信用状况进行综合评价的活动。

5. 主权信用评级服务

主权信用评级服务是指专业信用机构对外国及本国政府的信用状况进行综合评价的活动。

6. 增信服务

增信服务是指一种增信措施,通过增信服务,使信用等级较低的企业获得融资,债券投资者也获得多重担保。比如信用等级相对较低的中小企业,为了获得贷款或降低融资成本,往往需要引入优质企业或担保公司为其担保来增加信用等级。增信机构就是增加信用等级的机构,具体来讲,就是企业引入优质企业或担保公司为自身贷款担保,提高企业信用等级,以达到降低利息的目的。

7. 认证服务

认证服务是一项专业服务,旨在通过权威机构对企业或金融产品的信用状况进行系统评估和等级划分。服务内容通常是对企业的财务状况、偿债能力、经营状况、市场竞争力、管理水平等多方面因素的综合分析。基于这些分析,评级机构会给予一个信用等级,比如AAA、AA、A等,其中AAA级通常代表最高的信用等级。通过获取良好的信用评级认证,企业可以向潜在的贷款机构或投资者展示其偿债能力,从而降低融资成本,提高融资效率。

三、信用科技

(一)信用科技的内涵

信用科技是指运用大数据、云计算、人工智能与区块链等现代信息技术为社会经济主体提供更加广泛、可靠、个性化的各类信用产品和服务,以及衍生的信用管理咨询、信用担保、信用保险、商业保理、商账管理等新兴信用服务企业。

(二)主要业务类型

1. 大数据信用信息服务

大数据信用信息服务指利用大数据技术对主体的信用信息进行加工整理,为企业的生产经营决策提供依据。

(1) 信用信息整理与清洗

信用信息整理与清洗是指通过大数据技术手段为受托客户提供信用数据一致性检查、无效数据处理、数据格式统一、数据冲突判定等服务。

(2) 信用信息挖掘与分析

信用信息挖掘与分析是指通过统计、在线分析处理、情报检索、机器学习、专家系统和模式识别等技术手段为受托单位收集、整理、分析基础信用数据的业务。

(3) 互联网金融信用服务

互联网金融信用服务指依托互联网手段,搭建行业信用信息应用平台,开展线上征信业务。

2. 区块链、人工智能等信用服务

区块链、人工智能等信用服务是指采用区块链、人工智能等现代化技术,为相关企业提供信用相关服务。

(1) 信用信息场景应用

信用信息场景应用是指利用相关技术手段,将信用信息应用于消费、出行、社交等场合的经济活动。

(2) 信用预警

信用预警是指通过采用区块链、人工智能等技术手段,建立预警和防范机制,对影响企业信用状况的信用信息进行事前监测的业务活动。

四、信用风险管理服务

（一）信用风险管理服务的内涵

信用风险管理服务是指以信用风险预警、控制和转移等为主要内容的服务。

（二）主要业务类型

1. 信用担保

信用担保是指企业在向银行等金融机构融资的过程中,由第三方担保机构提供担保服务的活动。

2. 保理

保理是指以债权人转让其应收账款为前提,集融资、应收账款管理及坏账担保于一体的综合性金融服务。

（1）银行保理

银行保理是指银行为企业提供的集贸易融资、商业信用调查、应收账款管理、信用风险担保于一体的新型综合性金融服务。

（2）商业保理

商业保理是一整套基于保理商和供应商之间所签订的保理合同的金融解决方案,包括信用融资、信用风险管理、应收账款管理服务。

3. 信用保险

信用保险是指被保险人为了避免第三方信用违约而向保险机构购买保险服务的活动。

（1）商业信用保险服务

商业信用保险服务是指在商业活动中,被保险人为了避免交易对手信用违约而向保险机构购买保险服务的行为。

（2）出口信用保险服务

出口信用保险服务是指出口企业为了避免进口商信用违约而向保险机构购买保险服务的行为。

4. 商账管理服务

商账管理服务是指通过合法的追收流程和技巧,进行商账服务,降低企业风险率和坏账率,防范和规避企业由于使用赊销方式带来的信用风险。

5. 信用管理咨询

信用管理咨询是指以改善企业的信用状况、提高企业的信用管理水平而进行的专业性咨询活动。

(1) 信用培训服务

信用培训服务是指为提高企业或者个人的信用意识和信用管理水平而提供的专业性培训活动。

(2) 信用信息安全管理

信用信息安全管理是指为确保信用信息服务系统安全运行而提供的信用信息安全管理服务。

6. 信用修复

信用修复是指对失信主体在规定期限内纠正其失信行为,失信主体公开做出信用承诺,持续提交信用报告,改善失信主体的信用状况。

综合来看,信用服务行业的分类体系如图 1-1。

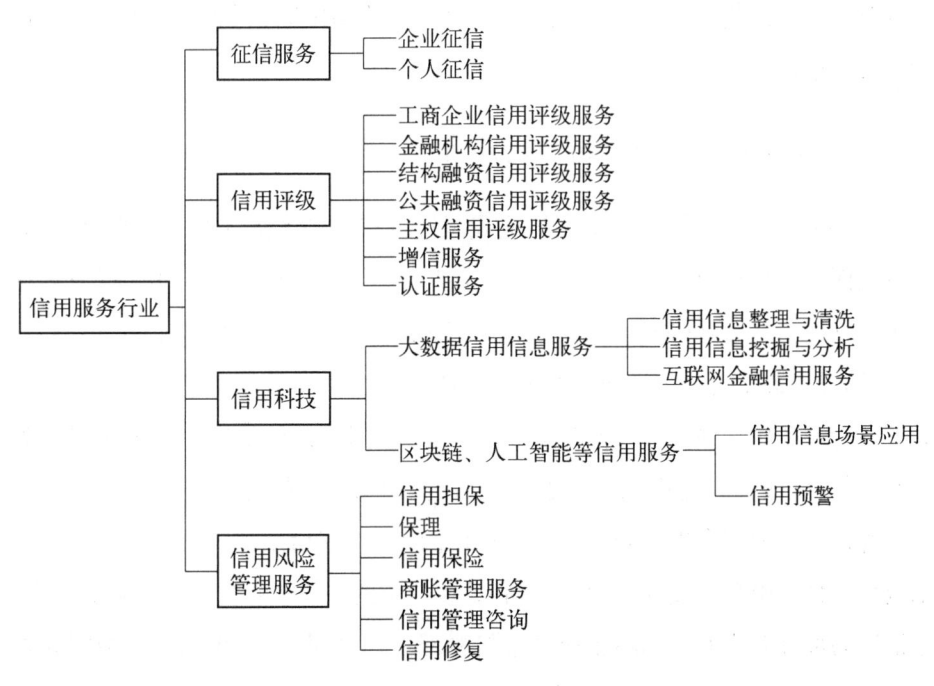

图 1-1 信用服务行业的分类体系

- 信用服务行业
  - 征信服务
    - 企业征信
    - 个人征信
  - 信用评级
    - 工商企业信用评级服务
    - 金融机构信用评级服务
    - 结构融资信用评级服务
    - 公共融资信用评级服务
    - 主权信用评级服务
    - 增信服务
    - 认证服务
  - 信用科技
    - 大数据信用信息服务
      - 信用信息整理与清洗
      - 信用信息挖掘与分析
      - 互联网金融信用服务
    - 区块链、人工智能等信用服务
      - 信用信息场景应用
      - 信用预警
  - 信用风险管理服务
    - 信用担保
    - 保理
    - 信用保险
    - 商账管理服务
    - 信用管理咨询
    - 信用修复

第二章
信用服务行业的发展历程与趋势

第一节 我国信用服务行业的发展历程

自20世纪80年代中后期以来,我国信用服务行业在监管需求和市场需求的双重推动下,经历了初创探索、起步、规范发展、快速发展和高质量发展五大阶段,在监管培育和监管规范不断强化中逐步壮大。近年来,伴随国际格局变化和国内改革开放深化,在新质生产力的引导下,我国信用服务行业进一步向高质量发展目标迈进。

一、初创探索阶段(1987—1995年)

20世纪80年代中后期,为了适应我国经济和金融体制改革的需要,企业债券应运而生。1987年3月国务院发布《企业债券管理暂行条例》,开始将债券纳入统一管理。之后,国务院为规范企业债券的发行及管理,分别于1992年12月发布《国务院关于进一步加强证券市场宏观管理的通知》和1993年8月发布《企业债券管理条例》,强化债券发行的行政审批,并明确债券信用评级工作应作为债券发行审批的必要程序之一,奠定了我国信用服务行业发展的基础。

为适应企业债券发行和管理,1988年中国第一家信用评级公司——上海远东资信评估有限公司成立。同时,为满足涉外商贸往来中的企业征信需求,对外经济贸易部计算中心与国际企业征信机构邓白氏公司合作,相互提供中国和外国企业的信用报告。1992年7月由中国金融教育发展基金会、上海财经大学等参股的上海新世纪投资服务公司(后更名为"上海新世纪资信评估投资服务有限公司")成立。1995年11月,华夏国际信用咨询有限公司上海分公司成立,信用服务雏形在这一阶段开始显现。

1995年11月,中国人民银行发布的《贷款证管理办法》规定,资信评估机构对企业做出的资信等级评定结论,可以作为金融机构向企业提供贷款的参考依据,这是我国信用评级机构当时赖以做大做强的主要业务来源。

这个阶段的特征是以资信评估为信用服务行业最初的切入点,商业征信随之开始发展。

二、起步阶段(1996—2002年)

这一时期,随着中国经济快速发展和商品"买方市场"初步形成,银行信用和商业信用规模都在不断扩大,客观上对信用调查的市场需求也在增加,从而加速了我国信用服务行业的发展。在此阶段,中国人民银行及政府机构在信用服务领域进行了大规模的布局。

1996年6月,中国人民银行为了规范贷款行为,颁发了《贷款通则》,其中第二十六条专门对借款人的信用等级评估做了规定:"应当根据借款人的领导者素质、经济实力、资金结构、履约情况、经营效益和发展前景等因素,评定借款人的信用等级。评级可由贷款人独立进行,内部掌握,也可由有权部门批准的评估机构进行。"上海中诚信证券评估投资有限公司就在此背景下于1997年成立。

1997年,中国人民银行发布《关于中国诚信证券评估有限公司等机构从事企业债券信用评级业务资格的通知》,认可了中国诚信证券评估有限公司、上海新世纪资信评估投资服务有限公司等9家机构具有全国企业债券评级资格。

1999年中国人民银行在上海市开始试点工作,以地方个人信用体系建设工作为切入点着手进行。1999年7月,上海市人民政府发起成立了主要从事个人信用信息服务的上海资信有限公司,开始把分散在各银行和社会有关方面的个人信用信息归集起来,进行采集、储存、加工,形成个人信用档案信息数据,为各有关方面提供个人信用报告服务,中国人民银行授予其相应的业务资质。1999年,上海资信有限公司建立了中国第一个个人信用征信系统——上海个人信用联合征信系统。

1997年,在中国人民银行的组织下,集中几乎所有中资银行、城市信用社、农村信用社信贷信息与客户基本信息的银行信贷登记咨询系统开始筹建,1998年在15个地(市)试点,1999年在每个城市范围内实现了信贷数据联网上报并提供查询服务。随后,中国人民银行颁布了《银行信贷登记咨询管理办法(试行)》,在业务内容和管理等方面进行了规范。2000年初,原上海市信息化办公室和中国人民银行上海市分行联合下发了《上海市个人信用联合征信试点办法》。2000年6月,被列入上海市政府实事项目的个人信用联合征信服务系统建成开通。2001年10月,联合征信由个人信用征信向企业信用征信延伸。2002年3月,企业信用联合征信服务系统开通试运行。

2001年上半年,在城市联网的基础上,信贷数据向省会城市数据库集中,实现了在全国31个省、自治区和直辖市辖区内的联网查询,并实现了在各省域内的查询,全部信贷数据集中到中国人民银行中心数据库。2002年底实现了全国联网查询,在全国31个省、自治区和直辖市建立了数据库,这是我国首次建立的基于全国联网的银行间企业信用信息系统。

2001年底,上海财经大学首先获得教育部批准,成为我国第一所设立信用管理专业的大学,并于2002年秋季开始招生。2002年4月,上海社会科学院远东市场信用研究中心成立。2002年5月,上海财经大学成立了信用研究中心。

在这一阶段,与上海信用服务行业发展相关的教育、培训、研究等得到了率先发展,在全国具有示范作用。

三、规范发展阶段(2003—2014年)

2003年,国务院赋予中国人民银行"管理信贷征信业,推动建立社会信用体系"的职责,中国人民银行征信管理局正式成立,标志着中国征信事业迈出了前进的大步。同年,上海、北京、广东等地率先启动区域社会征信业发展试点,一批地方征信机构设立并得到迅速发展,国际知名信用评级机构也先后进入中国市场。上海市出台了《关于加强本市社会诚信体系建设的意见》和《上海市2003年—2005年社会诚信体系建设三年行动计划》,并专门设立了社会诚信体系建设联席会议制度,成立了上海市征信管理办公室,通过制定法规、建立信用产品使用制度、开展社会诚信创建活动等培育市场信用需求,推动了信用服务行业发展。

按照党中央、国务院的要求,2004年中国人民银行加快了个人征信系统的建设,于2004年12月中旬实现15家全国性商业银行和8家城市商业银行在全国7个城市的成功联网试运行,2005年8月底完成与全国所有商业银行和部分有条件的农村信用社联网试运行。经过一年试运行,个人征信系统于2006年1月正式运行。

2005年中国人民银行启动银行信贷登记咨询系统的升级工作,将原有的三级分布式数据库升级为全国统一的企业信用信息基础数据库,在信息采集范围和服务功能上大大提高。新系统在天津、上海等四省(市)试点运行的基础上,于2006年7月实现全国联网查询。由此,在中国人民银行的大力推动下,至2006年7月,我国初步建立起了全国统一的企业与个人信用信息基础数据库,这是我国社会信用体系建设的重要物质基础。

2007年4月17日,中国人民银行党委决定将征信中心与征信管理局分设。同年,根据《中华人民共和国物权法》授权,中国人民银行明确中国人民银行征信中心为应收账款质押登记机关,并于当年部署应收账款质押登记系统上线运行。

2008年5月,中国人民银行征信中心正式在上海挂牌成立。中国人民银行征信中心是中国人民银行直属的事业法人单位,主要职责是依据国家法律法规和中国人民银行的规章,负责全国统一的企业和个人信用信息基础数据库和动产融资登记系统的建设、运行和管理,负责组织推进金融业统一征信平台建设。从目前情况看,中国人民银行征信中心已建成世界上迄今为止规模最大的征信系统。

2008年7月10日,《国务院办公厅关于印发中国人民银行主要职责内设机构和人员编制规定的通知》(国办发〔2008〕83号)对中国人民银行的职责进行调整。其中"管理信贷征信业"调整为"管理征信业,推动建立社会信用体系";中国人民银行征信管理局具体职责为"组织拟订征信业发展规划、规章制度及行业标准;拟订征信机构、业务管理办法及有关信用风险评价准则;建设金融征信统一平台,推进社会信用体系建设"。由此,中国人民银行对征信工作的管理,从金融体系扩大到全社会。

2012年12月26日国务院第228次常务会议通过中华人民共和国国务院令第631号《征信业管理条例》,自2013年3月15日起施行。2014年根据《征信业管理条例》《征信机构管理办法》及有关法律法规,中国人民银行各分支机构开展企业征信机构备案工作正式开始,中诚信征信成为第一家拿到企业征信备案资质的机构(备案号10001),至此企业征信开始走上规范化发展道路。

在我国信用相关制度不断完善的同时,我国信用评级业务规模随债券市场的快速发展显著增长,业务品种进一步多样化。2005年银行间债券市场推出短期融资券、2007年交易所市场推出公司债券,标志着我国债券市场进入快速发展态势。此后,银行间市场先后推出了中期票据、中小企业集合票据、超短期融资券、资产支持票据等品种,交易所市场推出了中小企业私募债券、资产证券化等品种,加之已有的企业债、金融债券、次级债、同业存单等品种,债券品种进一步丰富,债券发展规模不断扩大。信用评级机构业务规模也随之得到扩展,所评债券类型也开始增加。

在债券市场扩展的同时,评级活动也较前一阶段更为活跃,评级机构在评级业务数量、评级人员数量和评级技术体系建设等方面都有所成就,在债券市场上的作用也开始逐渐显现。为规范评级机构行为,评级监管和自律管理的广度和深度不断扩展,各监管部门搭建并逐步完善了各自的监管框架。2006年11月,中国人民银行征信管理局推动发布了《信贷市场和银行间债券市场信用评级规范》,这是我国第一个关于信用评级的行业标准,从主体、业务、管理三个方面为信用评级工作展开制定了相应准则,使得信用评级机构的发展有法可依。

随后,中国证监会、原保监会、国家发展改革委和财政部均在各自职责范围内出台了相关监管法规。银行间市场交易商协会、证券业协会等行业自律组织也在上述监管部门搭建的监管框架下,针对评级行业出台了自律规则。为了加强行业的自律与规范,促进行业发展,2005年6月,上海市信用服务行业协会成立。

综合来看,这一阶段的特征是以制度促需求、以制度带市场,信用产品服务趋于多样化,行业自律性不断显现。

四、快速发展阶段(2015—2017年)

2015年被称为"中国个人征信市场化元年"。这一年里,中国人民银行、国务院等相继发布了多份指导意见监督指引,首次对个人征信机构的要求进行了细化,为中国征信行业的发展壮大提供了制度保障。2015年1月5日,中国人民银行印发《关于做好个人征信业务准备工作的通知》,公布了首批获得个人征信试点机构资格的8家机构名单。此举标志着中国个人征信业向市场化、商业化发展迈出了坚实的第一步。

2016年6月,中国人民银行征信管理局向各大征信机构下发了《征信业务管理办法(草稿)》,对征信机构的信息采集、整理、保存、加工、对外提供、征信产品、异议和投诉以及信息安全等征信业务的各个环节做出了规范。

在加快数据库建设的同时,制度法规建设也在逐步推进。为了保证个人信用信息的合法使用,保护个人的合法权益,在充分征求意见的基础上,中国人民银行制定颁布了《个人信用信息基础数据库管理暂行办法》《个人信用信息基础数据库数据金融机构用户管理办法(暂行)》《个人信用信息基础数据库异议处理规程》等法规;加紧研究建立银行间债券市场和信贷市场资信评级管理制度,出台了《中国人民银行关于加强银行间债券市场信用评级作业管理的通知》《中国人民银行信用评级管理指导意见》《中国人民银行关于报送资信评级机构统计报表的通知》《中国人民银行征信管理局关于加强银行间债券市场信用评级管理的通知》等规范性文件,对建立我国信用服务体系做出了一系列制度安排。

同时,中国人民银行组织建设的全国集中统一的企业和个人征信系统已为国内的大部分企事业单位和自然人建立信用档案,企业信用调查、信用评级也得到较快发展,征信产品已被广泛应用于企业和个人的经济金融和社会活动,社会信用意识普遍提高,征信体系在中国经济社会发展中已经发挥着重要作用。

2016年后,我国债券市场的国际化程度不断提升,信用评级行业的对外开放迎来实质性进展。2017年7月,中国人民银行发布《中国人民银行公告〔2017〕第7号》,对符合条件的境内外评级机构进入银行间债券市场开展业务予以规范,标志着境外评级机构可以独资进入中国市场。

综合来看，在这一阶段，监管和立法机构对征信行业重视程度不断提高，相关政策法规也不断出台，我国征信行业规范化和国际化程度逐步提升，我国信用服务行业进入快速发展阶段。

五、高质量发展阶段（2018年至今）

征信服务市场方面，随着2018年5月23日，百行征信有限公司在深圳正式揭牌，这是国内第一家持牌的市场化个人征信机构，旨在将中国人民银行征信中心未能覆盖到的人群和数据统一纳入管理，通过打通各个机构之间的"信息孤岛"，实现信用信息的有效整合和充分利用。百行征信有限公司的成立标志着我国的个人征信业务进入一个里程碑阶段。2020年12月，中国人民银行批准朴道征信有限公司个人征信业务许可，朴道征信有限公司成为第二家获中国人民银行批准的个人征信公司，也标志着中国人民银行持续坚持市场化、法治化和科技化的发展方向，推进征信业的供给侧结构性改革和高质量发展。2021年初，中国人民银行下发了《征信业务管理办法（征求意见稿）》，向社会公开征求意见，其中提到的关于个人信用信息界定、业务规则等问题，折射出中国新金融、新商业对于社会基础设施需求的剧烈变化。《征信业务管理办法》自2022年1月1日起施行，进一步助推我国征信市场健康有序发展。

信用评级市场方面，2021年至今，国内外宏观经济和我国债券市场均发生较大的变化。与前期相比，我国债券市场呈现出国际化、统一监管等新特征，同时还面临法治建设、违约常态化下债券违约后续处置机制的完善、信用风险的防范和化解等新问题；与此同时，信用评级行业的基础设施建设在此前的基础上，根据债券市场的变化进一步完善，评级行业上位法确立，评级机构备案制落地，行业准入门槛降低，取消强制评级、取消债项评级等一系列降低外部评级依赖的政策出台，推动信用评级行业开始向高质量发展转型升级。

同时，为适应评级行业的对外开放，我国评级监管更为细化并逐步与国际监管接轨。在部际协调机制下，中国人民银行、国家发展改革委、中国证监会在债券市场统一方面推出了一系列举措，包括建立统一的债券市场执法机制、同意银行间与交易所债券市场相关基础设施机构开展互联互通合作等，同时信用评级行业监管走向统一。2019年11月,中国人民银行、国家发展改革委、财政部、中国证监会四部委联合发布《信用评级业管理暂行办法》(以下简称《办法》),确立了"行业主管部门—业务管理部门—自律组织"的评级行业监管框架,为国内评级行业从多方监管走向统一监管奠定基础。此后债券市场各业务管理部门在《办法》框架下,密集发布了多项与信用评级行业密切相关的制度规范,使《办法》予以落地。

2020年3月1日,《中华人民共和国证券法》(以下简称"新《证券法》")实施,取消了信用评级机构从事证券评级业务的行政许可,改为备案管理,标志着从法律层面取消了强制评级。2021年2月26日,中国证监会披露《证券市场资信评级业务管理办法》和《〈证券市场资信评级业务管理办法〉修订说明》,对新《证券法》中关于评级机构及其业务的相关要求进行落实。2021年8月11日,中国人民银行发布〔2021〕第11号公告,决定试点取消非金融企业债务融资工具发行环节信用评级的要求。2021年8月13日,交易商协会发布《关于取消非金融企业债务融资工具信用评级要求有关事项的通知》,试点取消强制评级要求,进一步降低评级依赖,将企业评级选择权完全交予市场决定。这一系列政策推动了评级行业加速向市场化发展,并倒逼信用评级行业高质量发展。

2021年8月6日,为进一步促进我国债券市场信用评级行业规范发展,中国人民银行会同国家发展改革委、财政部、银保监会、中国证监会联合发布《关于促进债券市场信用评级行业健康发展的通知》(以下简称《通知》),从加强评级方法体系建设、完善公司治理和内部控制机制、强化信息披露和市场约束机制、优化评级生态、提升监管力度五个方面对信用评级行业及其他相关方提出了明确要求。《通知》的发布是我国对信用评级行业监管加强的又一信号,有利于促进评级机构回归业务本源,要求评级机构专注于加强自身评级业务能力建设,不断提升评级质量和区分度,更好地发挥信用评级"缓解信息不对称、揭示信用风险、促进债券市场发展"的功能,从而进一步促进债券市场的高质量发展。

2023年10月20日,在中国证监会指导下,中国证券业协会调整优化评级业务自律管理制度与机制,修订发布《证券市场资信评级机构执业规范》《证券市场资信评级机构信息披露指引》《证券市场资信评级机构尽职调查指引》《证券市场资信评级机构尽职调查工作底稿目录细则》等四项规则。

2023年10月，我国正式提出金融强国建设目标，这为信用服务业，尤其是信用评级业提供了更多发展机遇。金融强国建设需要掌握评级主动权以维护国家金融安全，需要提升评级国际话语权更好参与全球治理，需要评级助力金融市场更好发挥枢纽功能，需要评级为债券市场构筑风险屏障，信用评级业迎来更广阔的发展空间。

总之，在这一阶段信用服务行业各业务管理部门和自律组织对以往的监管措施进行了修订并出台细化措施，这些措施进一步促进了我国信用服务行业在对外开放环境下的规范发展。整体来看，新质生产力将为信用服务行业注入新的活力，我国信用服务行业发展将全面进入高质量发展阶段。

第二节 发达国家信用服务行业的发展历程与特点

一、发达国家信用服务行业的发展历程

信用服务行业起源于19世纪的欧洲，伴随商品经济出现，交易双方了解彼此信用状况变得越来越困难，因而催生信用服务行业。

1803年，英国裁缝店开始分享未偿还债务的顾客信息。

1826年，曼彻斯特监管协会[益博睿公司（Experian）的前身]每月公开发布未偿还债务人的信息。

1864年，纽约一家名为商业征信所（Mercantile Agency）的公司[后更名为邓白氏公司（Dun & Bradstreet, D&B）]，创建了一个正式的公司信誉排名系统。

1899年，零售信贷公司[现为艾可飞（Equifax）公司]在亚特兰大创立，开启个人征信业务。

20世纪初，美国邓白氏公司成立，作为专门收集和提供商业信用信息的机构，为商业银行、保险公司、贸易公司等提供信用评估和信用管理服务，帮助降低

信用风险,提高市场效率。

20世纪中期以后,随着金融市场不断发展和国际化,信用服务行业逐渐扩展到金融信用领域,出现了一些专门从事金融信用评级的机构,如三大国际信用评级机构标准普尔(Standard & Poor's)、穆迪投资者服务公司(Moody's Investors Service)和惠誉国际信用评级公司(Fitch Ratings)等,主要为债券市场、股票市场、保险市场等提供信用评级服务,帮助投资者和发行者了解和比较不同金融工具的信用风险,促进金融市场稳定。

20世纪末21世纪初,随着消费者信用兴起和普及,信用服务行业进入消费者个人信用领域,出现了一些专门评价消费者个人信用的机构,如艾可飞公司、益博睿公司、环联公司(TransUnion)、费埃哲(Fair Isaac Company,FICO)等。这些机构主要为消费者提供信用报告和信用评分服务,帮助他们获取和管理自己的信用信息,提高他们的信用水平和信用机会。

二、发达国家信用服务行业的发展特点

(一)欧洲国家信用服务行业的发展特点

1. 行业模式多样,发展特色鲜明

欧洲地区发达国家数量众多,在信用服务行业的发展过程中,不同国家的信用服务行业逐渐形成了不同的行业模式。总体来说,征信模式分为两大类:一类是公共征信,一类是私人征信。公共征信主要由政府出资建立且由政府或中央银行管理控制的信用信息系统,其主要特点:一是非营利性,资金主要依靠财政支持;二是强制性,政府可以依靠行政手段要求信用数据生产者向公共征信机构提供信用数据;三是覆盖面较广;四是权威性和真实性;五是信用信息主要来源于金融机构,服务对象也主要限于金融机构。私人征信主要由私人组建和拥有,以营利为目的。

欧洲一些国家采用单一公共征信模式(图2-1),整个信用服务行业仅支持公共征信而排斥私人征信。英国则主要采用私人征信模式,消费者可以采用付费方式查询自己的信用分数。而德国和法国主要采用混合征信模式,一般来说,私人征信机构主要从事个人征信业务,而公共征信则覆盖面较广。

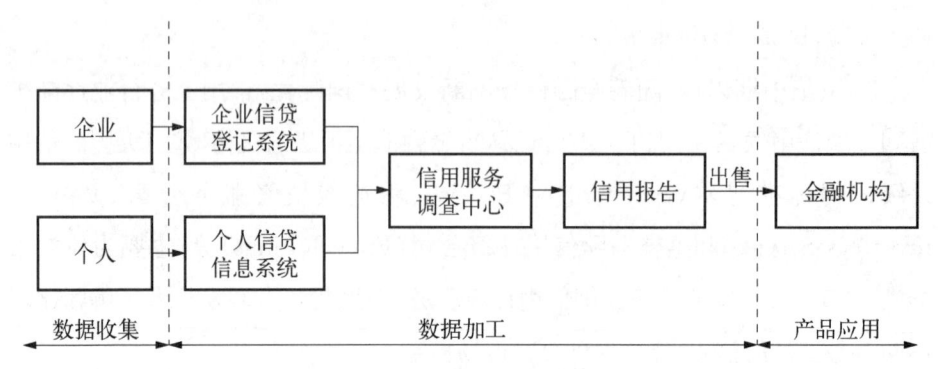

图 2-1　欧洲公共征信模式

2. 监管体系完善,法律法规健全

欧洲发达国家的监管体系非常完善,负责监管的主体为政府。为了防范信用信息泄露的潜在安全问题,欧洲大部分国家都设立了专门的监管机构。比如,英国设立了独立的信息专员署负责对本国的征信机构进行监管。在社会信用监管方面,德国建立了以"中央信贷登记系统"为中心的监管体系,在个人信用监管方面,德国联邦政府连同各州政府成立了专门的保护个人信用信息安全的监督管理机构。

欧洲国家非常重视信用服务行业发展过程中的法律法规问题,并在实践过程中形成了四级法律法规体系,分别为法律规范或指令、次一级法律规范、行业准则或行为守则和其他方面的法规。在这些法律法规中,信用信息安全和消费者权益保护拥有非常重要的地位。比如,英国为了监督征信机构、规范信用服务行业的发展,制定了《数据保护法》;为了保障消费者的隐私权和知情权,制定了《消费信用法》。

3. 行业格局稳定,行业规模庞大

欧洲信用服务行业发展至今,已经形成了一个相对稳定的格局,主要征信机构有德国厦华公司(SCHUFA)、意大利科孚(CRIF)和惠誉国际信用评级公司。德国厦华成立于1927年,位于柏林,是一家以个人信用业务为主的征信机构,该公司也是一家德国全民信用数据存储与公示的民间机构,拥有德国最大的个人信息库,也是德国唯一拥有银行信用信息的信用服务机构,其个人信用业务占德国个人信用服务市场的90%以上。意大利科孚成立于1988年,位于博洛尼亚市,该公司业务遍及全球,在四大洲均设有办事处。2019年科孚成为首个在20

多个欧洲国家注册的开放式银行账户信息服务提供商(AISP)。惠誉国际信用评级公司是三大国际信用评级机构之一,是唯一的欧资国际信用评级机构,总部位于纽约和伦敦,在全球拥有40多个分支机构,1 100多名分析师。

随着欧洲信用服务行业发展,欧洲信用服务市场规模也越来越庞大。德国厦华2020年的营收额约2亿欧元。意大利科孚2020年的营收额约5.6亿欧元,2021年则为6.08亿欧元。据市场研究公司宜必思世界(IBISWorld)的调研数据,2020年英国征信和评级机构市场规模约为26亿欧元,2021年约为27亿欧元。据初步统计,2021年欧洲信用服务市场规模超过46亿美元,受汇率换算影响,2021年欧洲信用服务市场规模虽有所增加,但仍与上年持平。

(二)美国信用服务行业的发展特点

1. 行业发展成熟,行业体系鲜明

消费需求增长引发的信贷需求促成了美国信用服务行业的兴起与发展。随后,美国信用服务行业经历了快速发展、法律完善、并购整合和成熟拓展四个时期。发展至今,美国信用服务行业非常成熟,形成了比较完善的征信体系和以市场化、私营化为导向的行业格局。

美国信用服务行业的体系非常清晰。在美国,整个征信体系可以分为个人征信和机构征信。机构征信又可以分为资本市场信用和普通企业信用(图2-2)。在这种体系下,美国信用服务机构数量呈"倒U形"发展:早期,随着经济的发展,金融行业对征信业务的需求不断提升,直接促进了信用服务机构数量增多;但由于行业内部机构的竞争和并购,信用服务机构数量不断减少,并逐渐

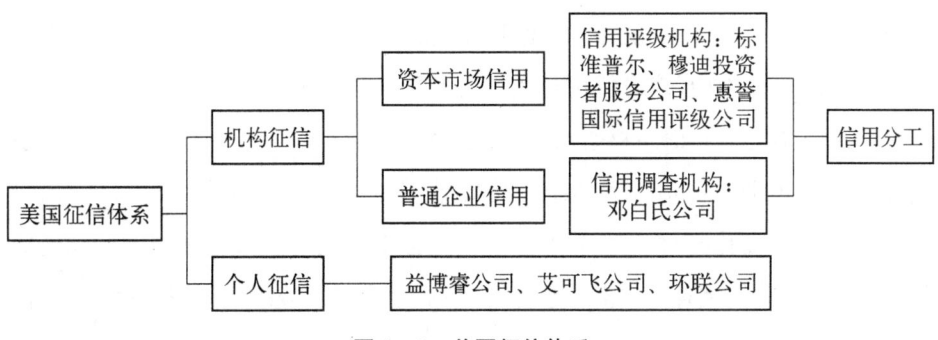

图2-2 美国征信体系

出现体量庞大的信用评级机构,比如属于资本市场信用评级机构的标准普尔、穆迪投资者服务公司、惠誉国际信用评级公司等,属于普通企业信用调查机构的邓白氏公司等,以及属于个人征信体系的益博睿公司、艾可飞公司、环联公司等。

2. 监管方式独特,法律法规完善

美国的监管方式非常独特,与欧洲国家以政府监管为主的监管方式不同,美国的监管方式以行业自律组织为主,政府监管为辅。美国政府并没有设立相关信用服务行业准入法规,也没有设立专门的行业监督管理部门。在信用服务行业中,美国政府起到的作用和担负的职责:一是给予行业发展方面的立法支持,二是推动监督信用管理体系的正常运转。美国政府给予信用服务行业充分的自主性。在这种宽松环境下,经过百年发展,美国信用服务行业已经形成了一套适合自身发展的行业准则,同时在信息收集和应用等方面建立了相对成熟的行业自律组织以规范行业发展。

在征信法律方面,美国现有《公平信用结账法》《公平信用报告法》《金融服务现代化法》《平等信用机会法》《信息自由法》等20余部法律。其中,《公平信用报告法》侧重个人征信,旨在保障个人的信用信息安全和权益,规定了想获得信用报告的机构和个人必须有正当的理由,要求出具报告的机构须识别申请人的真实意图。而《金融服务现代化法》《信息自由法》《公平信用结账法》《平等信用机会法》将征信产品加工、生产、销售和使用全过程都纳入了法律的范畴。

3. 产业链条成熟,市场规模宏大

美国的个人征信体系已经形成了较为成熟的产业链条,主要包括信用数据收集、信用数据处理、信用产品形成和信用产品应用四个环节(图2-3)。在这条成熟的产业链下,信用服务机构也基本完成了专业化分工,即分化为信用调查和信用评级两种机构,使得信用行业朝着精细化方向发展。信用调查机构通过多种渠道收集消费者信用数据,然后再按照 Metro 1 和 Metro 2(美国信用局协会制定的用于个人征信业务的统一标准数据报告格式和标准数据采集格式)对数据进行标准化处理。信用评级机构在标准化处理后的数据基础上,建立评级模型,形成信用评分、报告等产品,最后将这些产品应用于各种信用生活场景中。

信用数据收集	信用数据处理	信用产品形成	信用产品应用
信用调查机构负责	信用评级机构负责		
数据来源： 1. 金融和零售机构 2. 授权机构 3. 第三方数据处理公司 4. 地方征信公司 5. 公共记录	统一标准数据报告和采集格式： Metro 1和Metro 2（美国信用局协会制定的用于个人征信业务的统一标准数据报告格式和标准数据采集格式）	信用产品： 1. 信用评分（FICO Score、Vantage Score） 2. 信用调查报告 3. 原始征信数据	信用产品应用主体： 1. 金融机构 2. 数据分析公司 3. 政府 4. 公共机构 5. 企业 6. 个人

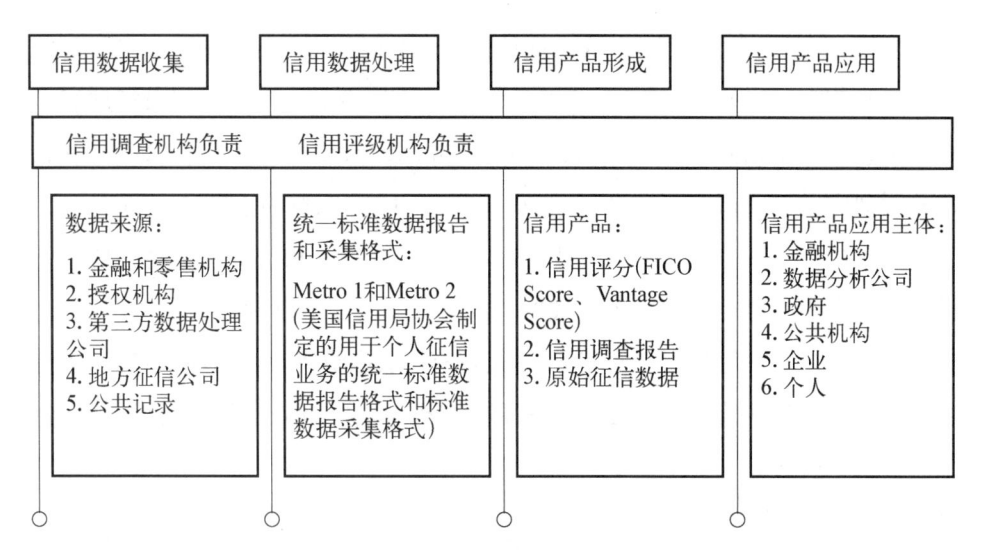

图 2-3　美国信用服务行业产业链

美国是全球信用服务行业发展较快的地区之一，信用市场规模空前庞大，信用服务行业涉及业务也从金融行业扩大到生活、就业、投资等领域。美国整个信用领域体系中益博睿公司、艾可飞公司和环联公司占据个人信用市场大部分份额，拥有超过1.7亿名消费者信用记录的数据库，每年提供10亿份以上的信用数据报告。据统计，截至2022年4月，三家信用巨头总市值已超过740亿美元。从企业营业收入来看，益博睿公司是三巨头中营收最高的，2022财年实现营收62.88亿美元。信用评级机构穆迪投资者服务公司的营收与益博睿公司旗鼓相当，2021财年实现营收62.18亿美元。据市场研究公司宜必思世界的调研数据，2021年美国信用调查机构与信用评级机构市场总规模约为138亿美元，同比增长7.9%，足见美国信用市场规模之大。

（三）日本信用服务行业的发展特点

1. 行业寡头化，市场协会化

日本的信用服务行业发展较早，总体来说发展也较为成熟。日本的信用服务机构主要由个人征信、企业征信和信用评级三部分组成。与美国不同的是，日本的信用服务机构数量有限，产品和业务也各不相同，因此在日本已经出现了寡头垄断的现象。比如，消费者信用评估业务由银行系统的"全国银行个人信用信息中心系统"、邮政系统的"株式会社信用信息中心"和消费金融系统的"全国信用信息联合会"三家机构主导,商业征信机构由帝国数据银行和东京商工所两家机构主导(两家机构占据了日本60%—70%的市场份额),以及信用市场评级由日本评级与投资信息公司(Rating & Investment Information Inc.,R&I)和日本格付研究所(Japan Credit Rating Agency,JCR)两家机构主导。

日本的个人征信主要由银行业协会、信用产业协会和信贷业协会分别设立的信用信息中心负责。该运作模式的主要特点:一是不以营利为目的,二是为个人和企业提供信用信息互换业务,三是仅有协会会员可查询信用信息,四是协会会员可将收集的信用信息无偿分享给信用机构,从而形成了协会化和市场化混合发展的模式。

2. 监管自律化,立法完整化

日本的信用服务行业监管模式非常独特。政府在监管中只负责为行业机构提供一个公平、公正和有序的市场环境,而真正在监管中起直接作用的是协会自律组织。日本以行业协会会员为主,实行行业协会会员制,并以此充分发挥自律管理职能。行业协会是信用市场的监督协调者,负责维持信用市场的正常运作。

日本的信用立法体系较为完善。1999年日本颁布《信息公开法》,向大众分享信用信息,大大减少了收集信用信息过程中的经济成本。2003年日本颁布《个人信息保护法》,明确规定了保护个人信用信息安全应采取的方法,以及个人信息的管理者须承担的法律责任。

第三节 全球信用服务行业发展面临的挑战与趋势

一、全球信用服务行业发展面临的挑战

(一)全球化新形势下信用服务行业全球治理难

全球化新形势下,众多跨国公司对于投资十分谨慎,全球信用服务行业在国际化进程中仍然面临一些挑战和困难。

一是不同国家和地区的信用服务行业标准和发展模式不尽相同,实现信用服务行业的全球统一标准治理较难。例如,欧洲一些国家信用服务行业以公共征信机构为主导,政府强制要求个人和企业必须将真实准确的信用信息提供给征信机构,并设立相关法律来保证企业信用信息的有效性。美国以市场化信用服务机构为主导,未设置相关法律法规对征信市场的准入标准进行明确规定,也未设立特定的行政部门对征信行业进行监督管理,由征信行业充分发挥自主性,辅以政府在立法方面的支持。日本则采用行业协会运作和市场化运作并存的混合模式,应用十分广泛,从衣食住行到子女教育、人身保险、医疗服务、退休待遇、个人就业等方面的社会保障,都需要以个人信用信息为重要依据和参考标准,并搭建了跨行业信用信息网络共享平台,实现不同行业间负面信息共享。

可见,不同国家和地区的信用服务行业发展模式不同,或以政府为主导,或以市场为主导,或混合多元发展;应用场景不同,或涉及银行信贷,或渗透至衣食住行;在信用服务法律法规保护方面也形成各自体系。在全球化推进中,信用服务行业向全球统一治理方向发展,就需要统筹考虑主导机构不同、发展模式不同、监管体系不同、应用场景不同等问题。

二是虽然现在一些受到较高公认度的征信机构和评级机构已经针对不同国家和地区采取了符合当地法律和监管的措施和手段,但也要警惕行业内出现寡头和垄断现象,使企业信用数据和个人信用数据掌握在个别企业手中,即使有较完善的法律及监管体系,也存在较大的信用数据及隐私泄露风险。

(二)数字经济发展下信用服务行业喜忧参半

当今时代,伴随新一轮世界科技革命和产业变革发展,信息技术、数字经济成为新一轮国际竞争重点领域。数字经济飞速发展带动了信息产业、通信产业、互联网产业以及各种基于数字技术的新产业大发展,涌现出大量商业新场景、新业态、新模式,很大程度上改变了世界经济结构。越来越多国家参与到数字经济发展的浪潮之中,在数字经济中抢占先机,就相当于掌握了发展主动权和制高点。但数字经济的全球治理相对滞后,有关数字经济的标准、制度等缺乏国际合作,全球性协调机制尚未建立。在数据产权、数字市场、数字贸易、数字税等焦点问题上,基础性制度建设起色不大,各个经济体之间矛盾与纠纷不断。

信用服务行业是建立在数据信息基础之上的产业。一方面,借助数字化技术和手段可以加快信用信息形成和归集的路径，优化信用评价机制的运行机理和适用场景，使市场主体信用信息更加及时、高效、精准地生成、获取和流通，在强化市场主体信用约束的同时减少交易中的信息不对称，降低交易成本，提升交易效率。同时，数字化转型可以打破"数据孤岛"，实现信用信息互联互通，多部门协同监管，基于信用分类和数字技术手段构建企业信用风险预警机制，及时防范和处置风险，提升监管效能。

另一方面，信用数据要素流动涉及数据共享、数据交易、数据安全等方面。在信用数据收集方面，信用数据来源大多是金融机构、政府部门、信用信息数据库等，还有一些非官方的信用数据收集渠道，这就涉及信用数据准确性能否得到保证的问题。在信用数据交易方面，数据交易制度尚不完备，数据确权、隐私保护等问题亟待优先处理，加之互信过程复杂以及需要非常严格的监管体系来保证信用数据准确与安全，特别是跨境信用数据涉及不同的法律制度、文化习惯和行业监管等，给信用数据流动设置了更多限制和障碍。在数据处理方面，技术进步使数据处理速度显著提升，但信用服务产品较为单一，不同机构之间的产品大相径庭，亟待探索创新信用服务产品。

（三）监管和法律环境的多元化和复杂化

随着金融市场日益复杂和监管机构对风险控制的加强，信用服务行业面临的监管压力也在增加。各国政府和行业监管机构正在加强对信用评级机构的监管，以确保其评估的公正性和准确性。同时，对征信机构的行业监管日益严格，以确保个人和企业隐私的保护和数据的安全。随着数据重要性和敏感性的凸显，这种挑战不仅体现在数据隐私和安全法规方面，还延伸至市场竞争、消费权益和反欺诈等多个方面。监管的全面性要求信用服务机构在各个层面保持合作。

二、全球信用服务行业的发展趋势

全球信用服务行业面临着新的机遇和挑战。一方面，在新一轮科技革命和产业变革背景下，随着数字化技术的不断创新和应用，信用服务行业的数据来源、数据处理、数据分析、数据应用等方面都发生了深刻的变化，为信用服务行业提供了新的增长点和竞争优势。信用服务模式和业务流程在现代科技成果的加持下得到改造和创新,信用服务行业的广度和深度得以延展,实现信用成本降低、信用效率提高、信用市场优化的效果。

另一方面,近年来全球密切关注气候变暖、极端天气等关乎人类生存与发展的气候和环境变化问题,世界各国在绿色发展方面达成普遍共识,ESG[ESG 是英文 environmental(环境)、social(社会)和 governance(治理)的缩写,是一种关注企业环境、社会和治理绩效的投资理念和企业评价标准]要素的热度被推上新高,在市场监管、机构投资决策和企业战略规划等各领域的应用场景日渐拓展。ESG 融入国际信用评级行业,对其理念、方法和体系等方面起到重构与创新的作用,传统信用评级框架与 ESG 要素整合的实践不断深入,可持续发展理念渗透信用服务行业。

同时,随着监管和法律的不断完善和强化,信用服务行业在合规性、安全性、可靠性、透明度等方面都提出了更高要求,为信用服务行业带来了新的风险和压力。具体来说呈现以下趋势。

(一)信用服务行业跨界融合多业态发展

跨界融合是指信用服务行业与其他行业或领域的深度合作和交互,实现资源共享和价值创造,拓展信用服务的应用场景和市场空间。跨界融合的主要驱动力是信用服务行业的创新和发展,以及其他行业或领域的需求和期待,包括信用服务的质量、效率、安全、便捷等方面,以实现信用服务的价值最大化。跨界融合的主要表现形式有以下几种。

1. 信用服务与金融科技的融合

信用服务与金融科技的融合是指信用服务行业利用金融科技的技术和平台,对信用服务的数据、分析、应用等方面进行创新和优化,提高信用服务的效率和质量,满足信用服务的多元化和个性化的需求,即目前通常所说的"信用科技"。信用服务与金融科技的融合,可以实现信用服务的数字化转型,提升信用服务的竞争力和影响力,拓展信用服务的市场空间和客户群体。例如,标准普尔、穆迪投资者服务公司和惠誉国际信用评级公司作为全球知名的三大评级机构,其经常与数据分析公司合作,运用机器学习和自然语言处理等技术对非结构化数据进行分析,以更全面地评估企业信用风险。

2. 信用服务与社会治理的融合

信用服务与社会治理的融合是指信用服务行业利用信用信息和信用产品,对社会活动和社会关系进行管理和调节,维护社会秩序和社会稳定,促进社会公平与社会和谐的过程。信用服务与社会治理的融合,可以实现信用服务的社会化转型,提升信用服务的公益性和责任感,拓展信用服务的应用场景和社会价值。例如,各国央行成立的征信中心,利用个人信用信息基础数据库,为政府部门、金融机构、企业和个人提供信用信息查询、信用报告、信用评分等信用服务,同时与多个领域合作,为社会信用体系建设提供支撑,为社会治理提供参考。

3. 信用服务与其他行业或领域的融合

其他行业或领域是指除金融科技和社会治理之外的行业或领域,包括电子商务、共享经济、教育、医疗、旅游、文化、体育等。信用服务与其他行业或领域的融合是指信用服务行业利用信用信息和信用产品,为其他行业或领域的服务提供者和服务需求者提供信用服务,提高其他行业或领域的服务质量和效率,满足其他行业或领域服务的多元化和个性化需求。信用服务与其他行业或领域的融合,可以实现信用服务的多元化,提升信用服务的创新性和灵活性,拓展信用服务的市场潜力和客户满意度。以三大评级机构为例,其不仅限于传统的评级业务,还进行跨界投资和业务拓展,如投资新兴的区块链技术和物联网领域,探索这些技术如何改善信用评估和风险管理。

(二)数字化转型助推信用服务行业迭代升级

数字化转型通常指的是信用服务行业利用数字化技术,对信用服务的数据来源、数据处理、数据分析、数据应用等方面进行创新和优化,提高信用服务的质量和效率,满足市场主体的多元化和个性化的信用需求。数字化转型的主要驱动力是数字化技术的不断创新和应用,包括互联网、大数据、人工智能、区块链、云计算、物联网等技术。这些技术为信用服务行业提供了新的数据来源、数据处理、数据分析、数据应用的手段和平台,使信用服务行业能够获取更多、更全面、更实时、更准确的信用数据,能够进行更深入、更细致、更智能的信用分析,能够提供更便捷、更安全、更透明的信用产品和服务。数字化转型有效地推动信用服务行业迭代,逐渐由客户导向型转向大数据导向型发展。

随着大数据、人工智能等技术在信用服务行业的广泛应用,技术监管成为新的关注点。各国政府纷纷出台相关法规,规范技术的使用,以防止技术滥用和不当使用。强调透明度和公平性:在全球金融市场日益一体化的趋势下,各国政府强调信用服务行业的透明度和公平性。这要求信用服务机构在提供服务时必须做到公开、公平、公正,严禁进行任何形式的市场操纵和欺诈行为。

(三)信用服务行业发展绿色可持续

信用服务行业发展绿色可持续是指以环境保护和社会责任为导向,实现信用服务的低碳化和绿色化,促进信用服务的可持续发展和社会进步。绿色可持续的主要驱动力是信用服务行业的理念和价值,以及社会和市场的需求和期待,包括信用服务的环境友好、社会公益、长期效益等方面。这些因素要求信用服务行业的绿色可持续不断提升和深化,以适应信用服务行业的理念和价值,满足社会和市场的需求和期待,实现信用服务的价值最优化。信用服务行业发展绿色可持续的主要表现形式有以下几种。

1. 信用服务低碳化

信用服务低碳化是指信用服务行业利用数字化技术,降低信用服务的能耗和排放,减少信用服务的环境负担,提高信用服务的环境效益。信用服务低碳化可以实现信用服务的绿色转型,提升信用服务的环境友好性和社会责任感,拓展信用服务的环境价值和社会价值。例如,许多国际组织、政府和非政府组织正通过合作项目推动信用服务的低碳化。"气候行动共同融资倡议"(Climate Action Co-Financing Initiative)是一个由世界银行、欧洲投资银行和法国开发署共同发起的气候融资项目,旨在支持发展中国家实施低碳项目。

2. 信用服务绿色化

信用服务绿色化是指信用服务行业利用信用信息和信用产品,支持和促进绿色产业和绿色项目的发展,提高绿色产业和绿色项目的信用水平,提高绿色产业和绿色项目的发展效益。

(四)信用服务行业国际合作和跨境融合

国际合作和跨境融合在推动全球信用服务行业发展中发挥了重要作用。通过全球化视野、技术驱动的跨境合作、标准化与互认、监管政策的协调、文化与市场差异的应对以及人才培养与知识共享等方面的努力,进一步推动行业创新和发展,以满足全球市场的需求。

1. 跨境合作与联盟增多

为了更好地服务于跨国客户,许多信用服务机构纷纷开展跨境合作,与境外同行建立合作关系。这些合作形式包括设立合资公司、达成战略合作协议、开展技术交流等,共同提供更全面的信用信息服务。当前国际上已经有比较成熟的跨境征信业务实践。例如,国际征信协会(International Credit Services Association, ICSA)是一个致力于促进跨境征信合作的国际组织,通过制定行业标准和最佳实践、促进信息交流等方式推动跨境征信的发展。欧盟建立了覆盖所有欧元区国家的集中统一的信用信息系统——中央信贷分析系统(Central Credit Register, CCR),该系统由欧洲中央银行和各成员国监管机构共同管理,提供企业和个人信用信息的共享和查询服务。公共部门主导模式旨在促进跨境信用信息的透明度和可比性,加强信贷市场的监管和风险管理。

2. 标准化与互认进程加速

在国际监管机构的推动下,各国信用服务标准正在逐步统一,以便实现跨境互认。这不仅可以减少跨境交易的摩擦,还能降低成本,提高效率,进一步促进信用信息国际流通。

3. 跨境监管合作不断加强

随着全球化进程的加速和跨境信用服务的增加,各个国家和地区之间的监管合作变得更为紧密。采用建立跨境监管机制、共享监管信息等手段,各个国家和地区共同协作,打击跨境金融犯罪,维护消费者权益。

第三章
长三角信用服务行业的发展现状与市场格局

长三角地区是我国改革开放的前沿阵地,其信用服务行业发展具有起步早、起点高、规模大、机构集聚等特点,尤其是上海作为我国信用服务行业的开路先锋,第一批信用服务机构都诞生于此。

第一节 长三角信用服务行业的发展现状与特点

一、上海市信用服务行业的发展现状与特点

1. 上海市信用服务行业的发展现状

从"十三五"时期到"十四五"时期,上海市信用服务行业得到长足发展。据统计,在上海市信用服务行业协会备案的传统信用服务机构总营业收入从2016年14.78亿元提高到2022年的38.72亿元,累计增长约162.0%。上海市信用服务行业取得的成绩,离不开政府部门的大力支持,上海市连续多年在《上海市社会信用体系建设工作要点》里提出要加大对信用服务机构的扶持力度,加强对企业征信机构和信用评级机构的监管力度。

截至2022年底,据不完全统计,在工商系统登记注册的带有征信、信用、信用管理、信用服务字样(或经营范围中含信用)的企业中,上海市拥有相关企业近千家。截至2023年底,在上海市信用服务行业协会登记备案的信用服务机构有

63家,不包括互联网金融机构和大数据公司。这些机构以资信评级(或称信用评级)、商业征信(或称企业征信)、信用管理等业务为主,其中包括23家在中国人民银行备案的企业征信机构、3家在上海市备案的信用评级机构和国家发展改革委首批综合信用服务机构试点名单中的上海信用服务机构,涵盖了上海市信用服务行业的主要机构。

《2022年上海信用服务行业统计报告》显示,在上海市信用服务行业协会备案的信用服务机构的总营业收入:2018年为22.10亿元,2019年为24.23亿元,2020年为27.93亿元,2021年为32.29亿元,2022年为38.72亿元(图3-1)。相较于2021年,由于新增了11家业绩较好的会员单位,2022年总营业收入较2021年增长了约19.9%。

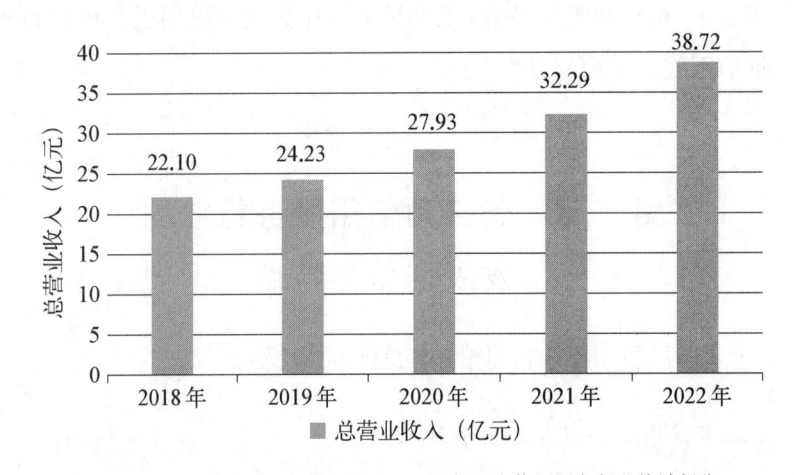

数据来源:上海市信用服务行业协会《2022年上海信用服务行业统计报告》。

图3-1 2018—2022年上海市信用服务机构总营业收入情况

就在上海市信用服务行业协会备案的信用服务机构的从业人员总数:2018年为2839人,2019年为3356人,2020年为3751人,2021年为3971人,2022年为3864人(图3-2)。

在上海市信用服务行业协会备案的信用服务机构的平均营业收入:2018年为4249.3万元,2019年为4251.0万元,2020年为5370.8万元,2021年为5766.0万元,2022年为6146.0万元(图3-3)。与2018年相比,2022年平均营业收入增加了1896.7万元,增长幅度约为44.6%。

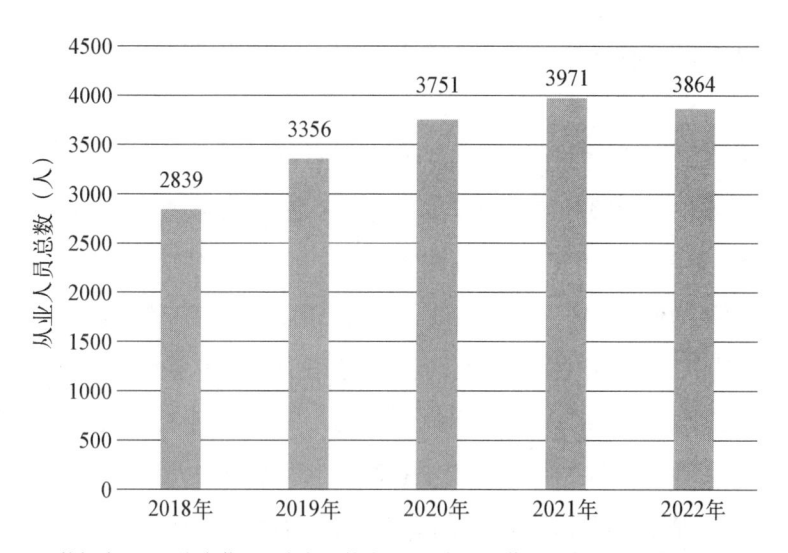

数据来源：上海市信用服务行业协会《2022年上海信用服务行业统计报告》。

图 3-2 2018—2022 年上海市信用服务机构从业人员情况

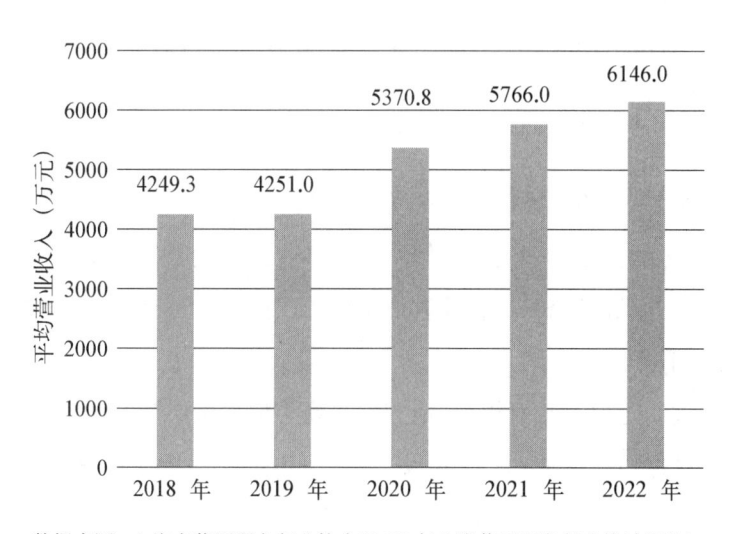

数据来源：上海市信用服务行业协会《2022年上海信用服务行业统计报告》。

图 3-3 2018—2022 年上海市信用服务机构平均营业收入情况

这些统计数据清晰地反映了上海市信用服务机构在2018年至2022年期间的经济情况，呈现出上海信用服务行业的显著增长趋势。

2. 上海市信用服务行业的发展特点

上海市信用服务行业的发展在国内处于领先地位，上海也是全国信用服务行业发展外部环境较好的城市。总体来看,上海市信用服务行业的发展有以下三个特点。

(1) 发展起步早,体量大,数量多,处于全国领先地位

上海是我国信用服务行业发展最早的地区之一,已形成了涵盖信用评级、企业征信、个人征信和信用管理(含商账管理)等主要领域的服务体系。以企业征信和信用评级为例,截至 2023 年 9 月底,在中国人民银行备案的企业征信机构为 149 家,其中上海在中国人民银行备案的企业征信机构数量(23 家)仅次于北京(34 家),占比约 15.4%;中国证监会、中国人民银行、银行间交易商协会等条线认可的信用评级机构为 13 家,其中总部在上海的信用评级机构为 3 家,仅次于北京。中国保险资产管理业协会 2023 年信用评级机构评价结果分为综合素质得分和最终得分两项,其中上海新世纪资信评估投资服务有限公司在这两项上的行业排名均为第三。

另外,上海市信用服务行业经济体量大,就在上海市信用服务行业协会备案的 63 家传统类信用服务机构而言,从 2018 年到 2022 年,总营业收入从 22.10 亿元增至 38.72 亿元。

(2) 政策支持到位,制度建设规范,发展环境良好

近年来,上海在全国率先提出信用服务产业是现代服务行业的重要内容,积极扶持信用服务机构发展,培育壮大信用服务产业,促进信用信息资源市场化开发,加快信用服务产业集聚。

上海通过制定地方政府规章、地方性法规等加强顶层制度设计,实现信用工作的良好制度保障。例如,2003 年发布《上海市个人信用征信管理试行办法》,2015 年发布《上海市公共信用信息归集和使用管理办法》,2017 年发布全国首部地方综合性信用法规《上海市社会信用条例》,等等。此外,上海各条线和区级政府部门通过出台规范性文件促进信用政策落地;各区制订社会信用体系建设行动计划、工作方案,保障信用工作在基层单位有效落实。

(3) 数据基础扎实,为行业高质量发展提供坚实支撑

上海市信用信息平台建设逐步完善,不断提升信用基础设施服务能级。2008 年落户上海的中国人民银行征信中心和 2014 年正式开通运行的上海市公共信用

信息服务平台,为上海市信用服务行业发展提供了扎实的数据基础支撑。2005年上海市成立全国第一家信用服务行业协会,为信用服务机构服务。另外,在《上海市深化社会信用体系建设三年行动计划(2021—2023年)》中,明确提出:"通过政策引导、完善配套、优化布局,打造一批技术先进、带动效应强的信用'名品',培育孵化一批具有知名度和影响力的信用'名企',创立一批突出产业特色的信用'名园',努力将上海打造成为国内信用服务人才和产业交流交汇的'首选地'之一。"

二、江苏省信用服务行业的发展现状与特点

1. 江苏省信用服务行业的发展现状

长三角其他地区的信用服务行业也在此期间得到快速发展。2011年,江苏企业信用基础数据库和服务平台初步建成,该系统协同了40多家省级部门,收集得到了逾百万家工商企业和社会团体的信息,为开展良好的信用服务奠定了坚实的基础。截至2024年1月底,江苏省的信用服务企业共有989家(根据企查查搜索的数据,具体数据说明见本章第二节,下同),是长三角地区信用服务企业最多的省份。其中,江苏省信用服务企业数量排名前五的市分别是:南京市(248家)、苏州市(161家)、徐州市(83家)、淮安市(74家)和盐城市(73家)。

2. 江苏省信用服务行业的发展特点

(1) 信用服务市场稳步发展

江苏省着力培育信用服务市场,省级安排1 858万元专项资金用于购买第三方信用服务,促进信用服务市场稳步发展。

(2) 信用管理培训全面铺开

江苏省积极建设信用服务机构管理系统,引导398家信用服务机构自主申报信息;提升企业信用管理能力,对2.25万家企业开展公益性信用管理培训,创建2 420家市级信用管理示范企业和214家省级信用管理示范企业。

(3) 征信报告获得广泛应用

南京、徐州、淮安、盐城、连云港和宿迁等市在招标投标、政府采购等工作中大力推行第三方信用报告。江苏省信用服务机构累计为各类市场主体出具信用报告4.6万份。截至2023年9月底,在中国人民银行备案的149家企业征信机

构中,江苏省有 7 家在中国人民银行备案的企业征信机构。

(4) 信用专利研发成就显著

在长三角三省一市中,江苏省拥有专利信息的信用服务企业数量是最多的,一共有 28 家。信用专利研发为江苏省信用服务行业提供了技术支持。信用服务行业涉及大量数据分析、风险评估和信用评级等技术,通过专利研发,可以提升行业的科技含量,提高服务的准确性和科学性。

三、浙江省信用服务行业的发展现状与特点

1. 浙江省信用服务行业的发展现状

"十二五"期间,浙江省信用服务行业初具规模,以征信和评级为核心的信用服务行业得到进一步发展。据统计,截至 2024 年 1 月底,浙江省的信用服务企业共有 350 家。其中,浙江省信用服务企业数量排名前五的市分别是:杭州市(159 家)、温州市(53 家)、宁波市(44 家)、金华市(19 家)和台州市(18 家)。

2. 浙江省信用服务行业的发展特点

(1) 信用服务行业从业人数较少

浙江省的信用服务企业数量有 350 家,但参保人数仅有 1 074 人,在长三角地区,浙江省信用服务企业的平均参保人数最低,说明浙江省从事信用服务行业的人数偏少,行业发展的机会和潜力空间较大。

(2) 机构分布以小微企业为主

在浙江省所有的信用服务机构中,微型企业 209 家,占比约 59.7%;小型企业 78 家,占比约 22.3%;58 家企业的规模未知;大型企业 1 家,中型企业 4 家。以上规模格局体现了浙江省的信用服务企业以微小型为主。

四、安徽省信用服务行业的发展现状与特点

1. 安徽省信用服务行业的发展现状

为进一步规范信用服务市场,推动安徽省、江苏省、浙江省、上海市三省一市信用服务机构备案互认,深化长三角区域信用合作,安徽省于 2011 年印发实施《安徽省信用服务机构备案管理办法》。"十三五"时期安徽省信用评级、信用担

保、信用保险等信用服务业务得到初步发展,截至2023年9月底,在中国人民银行备案的149家企业征信机构中,安徽省有2家在中国人民银行备案的企业征信机构。

据统计,截至2024年1月底,安徽省的信用服务企业共有331家,是长三角地区中信用服务企业最少的省份。其中,安徽省信用服务企业数量排名前五的市分别是:合肥市(176家)、安庆市(23家)、阜阳市(17家)、芜湖市(15家)和宣城市(13家)。

2. 安徽省信用服务行业的发展特点

(1) 多数信用服务机构规模微小

在安徽省所有的信用服务机构中,微型企业203家,占比约61.3%;小型企业82家,占比约24.8%;40家企业的规模未知;大型企业1家,中型企业5家。以上规模格局体现了安徽省的信用服务企业以微小型为主,与浙江省的信用服务企业规模格局相似。

(2) 信用专利研发方面有待提升

据统计,截至2024年1月底,除去具备金融许可证、空号的公司,只留下存续/在业的公司,安徽省有专利信息的信用服务企业一共有10家,在长三角三省一市中排名最末。有软件著作权的企业22家,既有专利又有软件著作权的企业8家。

第二节　长三角信用服务行业的市场格局

上一节从总体上分析了长三角信用服务行业的发展现状与特点,本节将具体分析长三角信用服务行业的市场格局和分布特点,了解行业市场格局对于信用服务业、上下游客户、政府监管部门、信用领域的研究人员等都具有重要意义。信用服务行业数据标准很不统一,缺乏完整规范的数据来源和标准。根据现有的数据情况,从两类数据维度进行分析,一是企业征信和信用评级已经备案的企业数据信息,二是基于企查查数据平台搜索企业名中包含信用或征信的企业数量来分析,其中,搜索结果中只包含存续的企业(不含个体户、事业单位、社会组织、律师事务所、学校等),且剔除信用卡公司和电话号码缺失公司[①]。第二类数据信息相对丰富,本书对长三角信用服务行业市场格局与分布特点的分析以企查查的数据为主要研究对象。

一、长三角信用服务行业的备案机构分析

(一) 长三角在中国人民银行备案的企业征信机构名单

首先,根据中国人民银行公布的备案企业征信机构名单(截至2023年12月底),汇总得到长三角地区的相关名单如表3-1所示。

表3-1 长三角在中国人民银行备案的企业征信机构名单(截至2023年12月底)

省 份	在中国人民银行备案的企业征信机构
上海市(23家)	1. 科孚(上海)商务信息服务有限公司 2. 上海新维企业信用征信有限公司 3. 上海生腾数据科技有限公司 4. 上海华予信企业信用征信有限公司 5. 上海杰胜商务咨询有限公司 6. 远东执信企业征信有限公司 7. 上海华夏邓白氏商业信息咨询有限公司 8. 上海凭安征信服务有限公司 9. 商安信(上海)企业发展股份有限公司 10. 上海立信长江企业信用征信有限公司 11. 上海倍通企业信用征信有限公司 12. 上海风声企业信用征信有限公司 13. 上海安硕企业征信服务有限公司 14. 上海水滴征信服务有限公司 15. 上海资信征信有限公司 16. 天翼征信有限公司 17. 上海恒先君展企业信用征信服务有限公司 18. 上海卫诚企业信用征信有限公司 19. 惠众征信有限公司 20. 上海新跃物流汇企业信用征信有限公司 21. 上海市联合征信有限公司 22. 上海大智慧财汇数据科技有限公司 23. 上海万得征信服务有限公司

---

① 这也是本章第一节中信用服务企业总数的来源。

续　表

省　份	在中国人民银行备案的企业征信机构
浙江省(9家)	1. 中博信征信有限公司 2. 芝麻信用管理有限公司 3. 杭州有数金融信息服务有限公司 4. 义乌中国小商品城征信有限公司 5. 杭州中德企业信用服务有限公司 6. 浙江汇信科技有限公司 7. 杭州征信有限公司 8. 浙江浙里信征信有限公司 9. 浙江同信企业征信服务有限公司
江苏省(7家)	1. 江苏省联合征信有限公司 2. 企查查科技有限公司 3. 常州企业征信服务有限公司 4. 江苏秋毫企业征信服务有限公司 5. 苏州企业征信服务有限公司 6. 江苏金农股份有限公司 7. 无锡企业征信有限公司
安徽省(2家)	1. 安徽省征信股份有限公司 2. 合肥市征信有限公司

通过表3-1可以看出,从企业在长三角地区的分布来看,上海作为长三角地区的核心,有23家在中国人民银行备案的企业征信机构,由于其金融中心的地位,企业征信服务的需求较大,因此机构数量最多。这充分体现了上海在长三角地区企业征信服务市场中的核心地位。在中国人民银行备案的企业征信机构中,浙江省有9家、江苏省有7家,而安徽省只有2家,这说明在中国人民银行备案的企业征信机构具有明显的区域集聚现象。

实际上,随着征信行业的不断发展,长三角在中国人民银行备案的企业征信机构数量也在逐年增加。这表明该地区的征信服务市场正在壮大,并有可能在未来继续增长。尤其是在上海,但相应的市场竞争也相对更为激烈。这些机构需要不断提升服务质量、创新业务模式来获得市场份额。而浙江、江苏和安徽三省的相关机构数量较少,市场竞争相对较小,但这也为这些省份的征信机构提供了更大的发展空间。未来,随着长三角一体化的深入推进,各省份之间的信用服务市场有望实现更紧密的合作与协同发展。

（二）长三角在中国人民银行备案的法人信用评级机构名单

同样根据中国人民银行公布的数据，汇总得到长三角在中国人民银行备案的法人信用评级机构名单（截至2023年12月底）如表3-2所示。

表3-2 长三角在中国人民银行备案的法人信用评级机构名单（截至2023年12月底）

省 份	在中国人民银行备案的法人信用评级机构
上海市（3家）	1. 远东资信评估有限公司 2. 上海新世纪资信评估投资服务有限公司 3. 上海资信有限公司
浙江省（6家）	1. 蚂蚁信用评估有限公司 2. 惠众信用评级（浙江）有限公司 3. 杭州资信评估有限公司 4. 杭州联合资信评估咨询有限公司 5. 宁波鑫远资信评估有限公司 6. 大普信用评级股份有限公司
江苏省（1家）	1. 南京中贝国际信用管理咨询有限公司
安徽省（0家）	

从表3-2可见，法人信用评级机构的地区分布很不均匀，但与企业征信机构的地区分布有所差异。在法人信用评级机构数量上，浙江省明显领先，有6家机构；上海市次之，有3家机构；江苏省和安徽省相对较少。但从品牌影响来看，远东资信评估有限公司、上海新世纪资信评估投资服务有限公司和上海资信有限公司更具知名度和企业规模，上海在信用评级市场上仍最具竞争力。

二、长三角信用服务行业的市场格局与分布特点

（一）长三角信用服务行业的市场格局

根据企查查的数据，搜索整理得到长三角信用服务企业规模统计情况（截至2024年1月底），如表3-3和图3-4所示，相关指标包括各地的企业数量、参保

人数、平均参保人数①、专利数量和软件著作权。其中,参保人数可在一定程度上表征企业的规模情况,专利数量和软件著作权数量可在一定程度上表征企业的科技创新发展水平。

表3-3 长三角信用服务企业规模统计(截至2024年1月底)

省份	企业数量(家)	参保人数(人)	平均参保人数(人)	专利数量(件)	软件著作权数量(件)
上海	369	3 033	8.22	23	59
浙江	350	1 074	3.07	15	55
江苏	989	4 930	4.98	28	49
安徽	331	3 184	9.62	10	22
合计	2 039	12 221	5.99	76	185

数据来源:企查查。

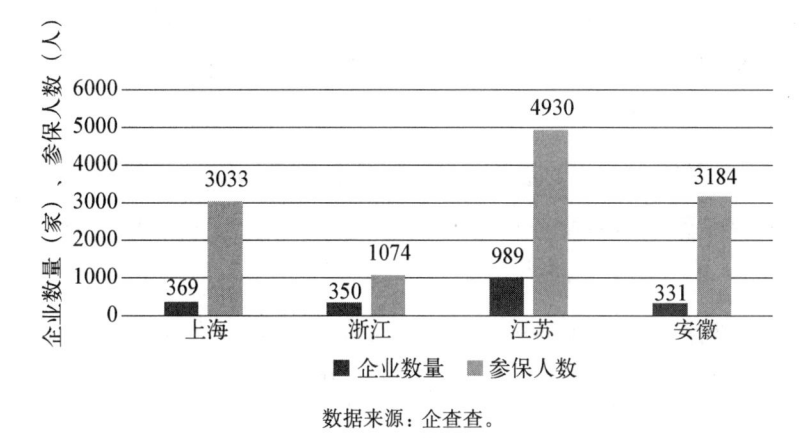

图3-4 长三角信用服务企业规模统计(截至2024年1月底)

数据来源:企查查。

从表3-3和图3-4可见,长三角地区从事信用服务的企业共计2 039家。具体分析如下:

江苏省的信用服务企业数量最多,达到了989家,同时参保人数也是最多

---

① 平均参保人数=参保人数÷企业数量。

的,说明江苏省从事信用服务行业的人非常多,体现了信用服务行业的就业情况最好。

上海市和安徽省相关企业数量次之,企业数量和参保人数接近,企业数量在330—370家,参保人数在3 000—3 200人,且平均参保人数也最为接近,说明上海市和安徽省的信用服务企业规模和信用服务就业人数相差不大。

浙江省信用服务企业数量有350家,但参保人数仅有1 074人,说明浙江省从事信用服务行业的人数在长三角地区最少,浙江省的平均参保人数最低,但安徽省的平均参保人数达到了近10人,说明安徽省虽然信用服务企业数量少,但相对更具规模。

根据上述综合数据,长三角信用服务行业的市场格局如下:

1. 企业数量情况

上海、江苏和浙江的企业数量较多,而安徽相对较少。这表明长三角地区信用服务行业的市场格局主要由上海、江苏和浙江的企业主导。上海由于其机构数量众多,市场竞争尤为激烈。浙江、江苏和安徽虽然机构数量较少,但这也意味着它们的市场竞争相对较小,可为机构提供更宽松的市场机会。

2. 企业规模情况

从参保人数看,江苏的参保人数最多,其次是安徽,上海和浙江相对较少。这说明江苏在信用服务行业的覆盖面较广,而上海和浙江的市场相对较小。

从平均参保人数看,安徽的平均参保人数最多,达到近10人,其次是上海和江苏,浙江的平均参保人数最少。这表明在信用服务企业的员工规模方面,安徽相对较大,而上海、江苏、浙江相对较小。

3. 科技水平情况

从专利数量看,江苏的专利数量最多,达到28件。其次是上海和浙江,分别为23件、15件。安徽的专利数量最少,仅为10件。从软件著作权数量来看,上海和浙江的软件著作权数量较多,分别为59件、55件;江苏和安徽相对较少,分别为49件、22件。从总体来看,表明上海和浙江在信用服务行业的软件技术实力较强。

(二)长三角信用服务企业的分布特点

1. 上海市信用服务企业的分布特点

(1)上海市信用服务企业区域分布情况

根据前文表3-3和图3-5可知,上海市的信用服务企业数量为369家,平均参保人数约为8人,说明在上海的每家信用服务企业中,平均有8人就业。进一步得到上海市各区的数量占比情况如图3-5所示,上海市信用服务企业数量排名前五的区分别是:浦东新区(96家)、奉贤区(45家)、宝山区(31家)、崇明区(24家)和金山区(22家),这在一定程度上与浦东新区发达的金融市场有关,对应更大的信用服务需求。

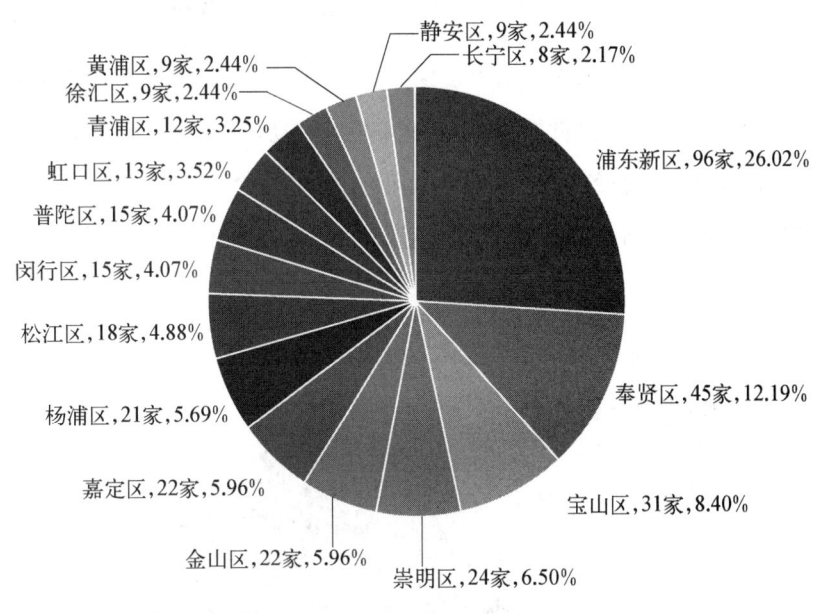

图3-5 上海市信用服务企业区域分布情况

(2)上海市信用服务企业注册资本分布情况

通过对企查查收集到的上海市信用服务企业数据进行统计,得到了上海市信用服务企业注册资本分布情况,如图3-6所示。

由图3-6可知,有注册资本信息的企业中,上海市的信用服务企业注册资本超过100万元的占近60%,平均注册资本约为1 772万元,在服务类企业中注册资本并不低。但通过对企业规模分类统计来看,上海市的信用服务企业中,中型企业有6

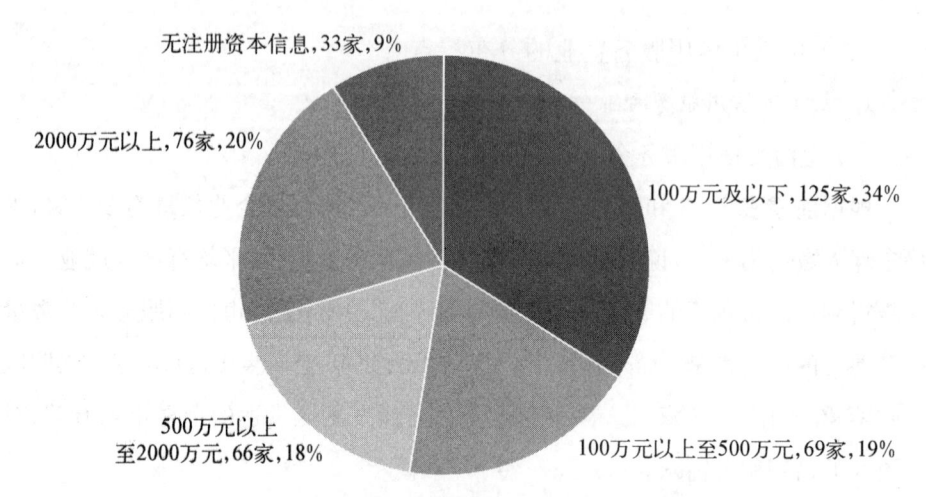

无注册资本信息,33家,9%
2000万元以上,76家,20%
100万元及以下,125家,34%
500万元以上至2000万元,66家,18%
100万元以上至500万元,69家,19%

图 3-6　上海市信用服务企业注册资本分布情况

家,小型企业有98家,微型企业有232家。这说明上海市的信用服务企业仍以微小型为主,无大型企业。因此,尽管注册资本相对较高,但实际收入统计并不高。

（3）上海市信用服务企业国标行业门类分布情况

根据行业分类得到上海市信用服务企业国际行业门类分布情况,如图3-7所示。

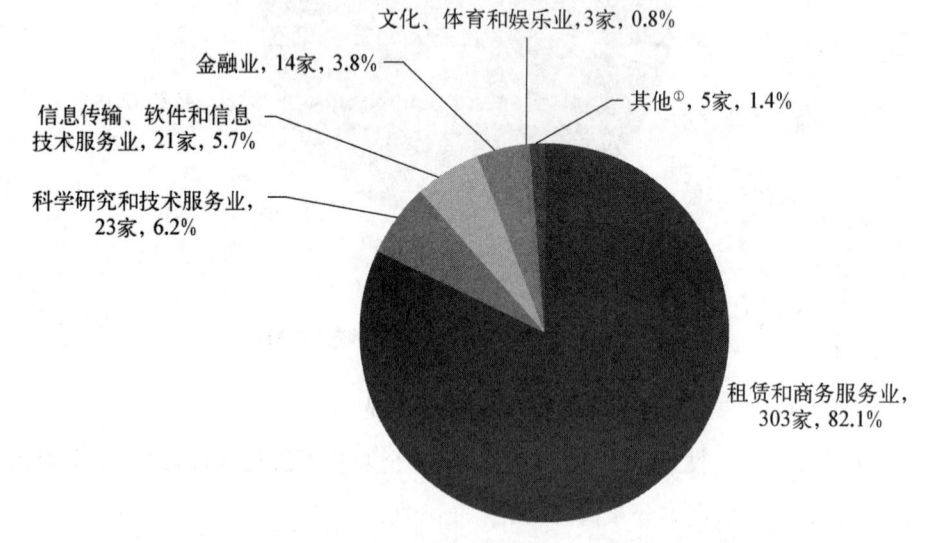

文化、体育和娱乐业,3家,0.8%
金融业,14家,3.8%
信息传输、软件和信息技术服务业,21家,5.7%
其他①,5家,1.4%
科学研究和技术服务业,23家,6.2%
租赁和商务服务业,303家,82.1%

图 3-7　上海市信用服务企业国标行业门类分布情况

---

① 其他包括居民服务、修理和其他服务业(2家)、批发和零售业(2家)、建筑业(1家)。

由图3-7可知,上海市的信用服务企业中有82.1%属于租赁和商务服务业,科学研究和技术服务业与信息传输、软件和信息技术服务业分别占6.2%、5.7%。这说明上海市的信用服务企业以租赁和商务服务业为主。

(4)上海市信用服务企业专利分布情况

结合前文表3-3,经统计,截至2024年1月底,除去具备金融许可证、空号的公司,只留下存续/在业的公司,上海市有专利的信用服务企业23家,有软件著作权的信用服务企业59家,既有专利又有软件著作权的信用服务企业22家。综上,上海市有专利和软件著作权的信用服务企业占上海市信用服务企业总数的比例只有约22%,在一定程度上说明,该行业的科技发展水平有待提高。

2. 浙江省信用服务企业的分布特点

(1)浙江省信用服务企业区域分布情况

根据企查查数据进行统计,得到截至2024年1月底的浙江省信用服务企业情况,根据有效数据得到浙江省信用服务企业区域分布情况,如图3-8所示。

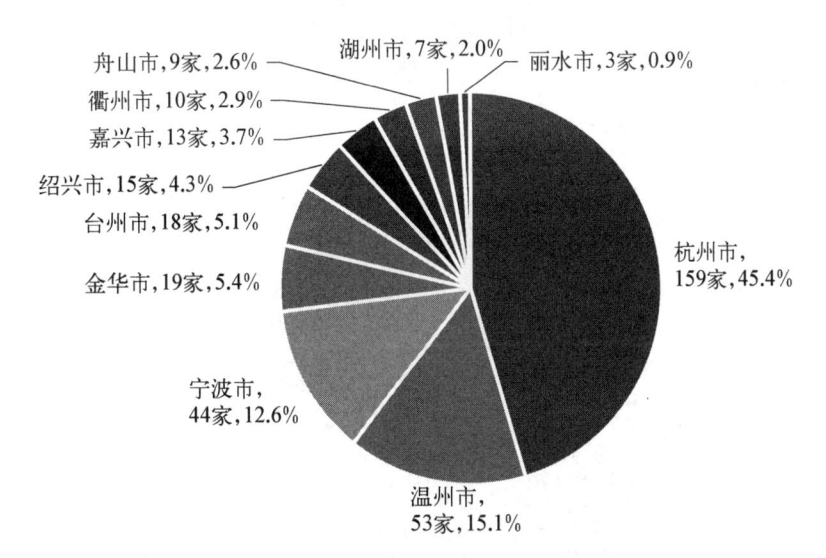

图3-8 浙江省信用服务企业区域分布情况

根据前文表3-3和图3-8所示,浙江省的信用服务企业共有350家,平均参保人数约为3人,说明在浙江省的每家信用服务企业中,平均有3人就业。其中,浙江省信用服务企业数量排名前五的市分别是:杭州市(159家)、温州市(53

家)、宁波市(44家)、金华市(19家)和台州市(18家)。即杭州市的信用服务行业发展相对发达,这与城市的经济和金融发展水平有较大关系。

(2)浙江省信用服务企业规模和注册资本分布情况

通过对企查查收集到的浙江省信用服务企业数据进行统计,得到了信用服务企业规模和注册资本分布情况,如图3-9和图3-10所示。

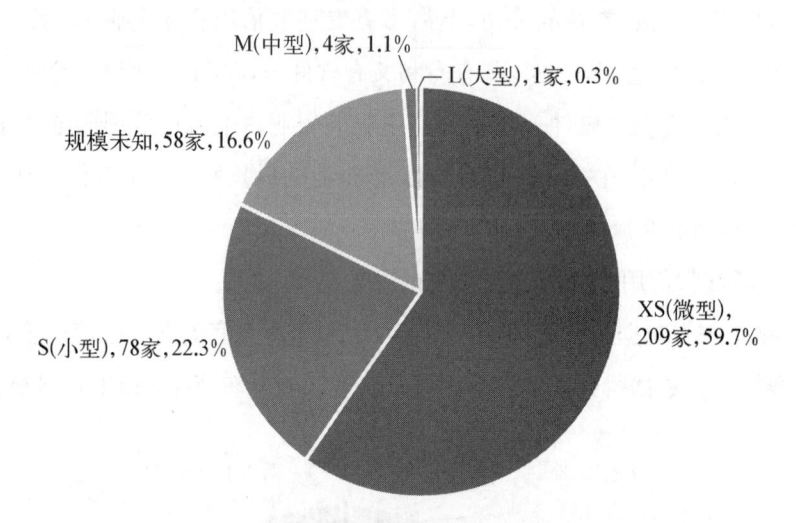

图3-9 浙江省信用服务企业规模分布情况

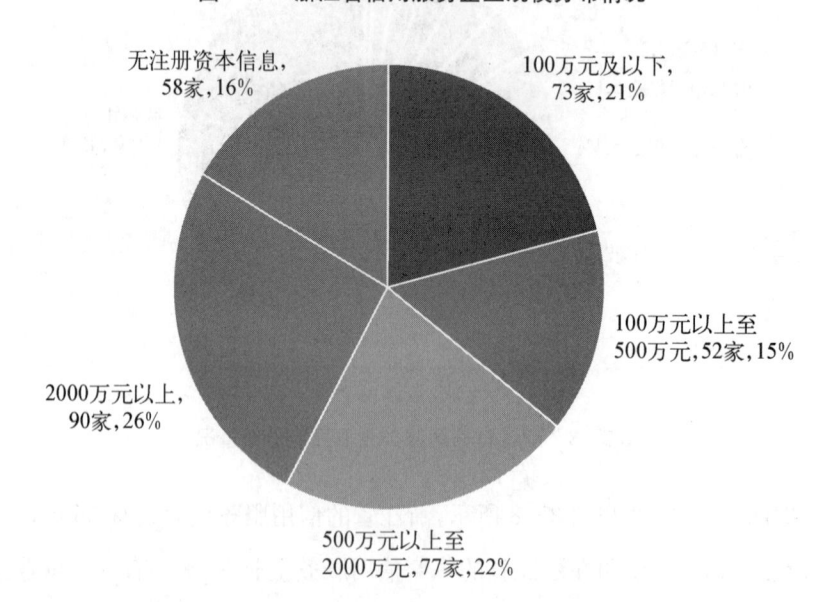

图3-10 浙江省信用服务企业注册资本分布情况

从图3-9可见(在前文也有提及),浙江省信用服务企业中,微型企业209家,占59.7%;小型企业78家,占22.3%;58家企业的规模未知;大型企业1家,中型企业4家。以上企业规模分布情况体现了浙江省的信用服务企业以微小型为主,与上海市的信用服务企业规模分布情况相似,但有大型企业。

从图3-10可见,浙江省的信用服务企业注册资本大多集中在2 000万元以上,共90家,这类企业占26%。实际上,剔除无注册资本信息的58家,注册资本超过500万元的约占57%。按照注册资本加权平均,计算出浙江省的平均注册资本为6 671.27万元,这一数字远大于上海市的信用服务企业平均注册资本。

(3) 浙江省信用服务企业国标行业门类分布情况

图3-11展示了浙江省信用服务企业国标行业门类分布情况,可见,浙江省的信用服务企业有68.0%属于租赁和商务服务业,金融业占14.9%,信息传输、软件和信息技术服务业占11.1%,科学研究和技术服务业占2.8%。这说明浙江省的信用服务企业也以租赁和商务服务业为主。

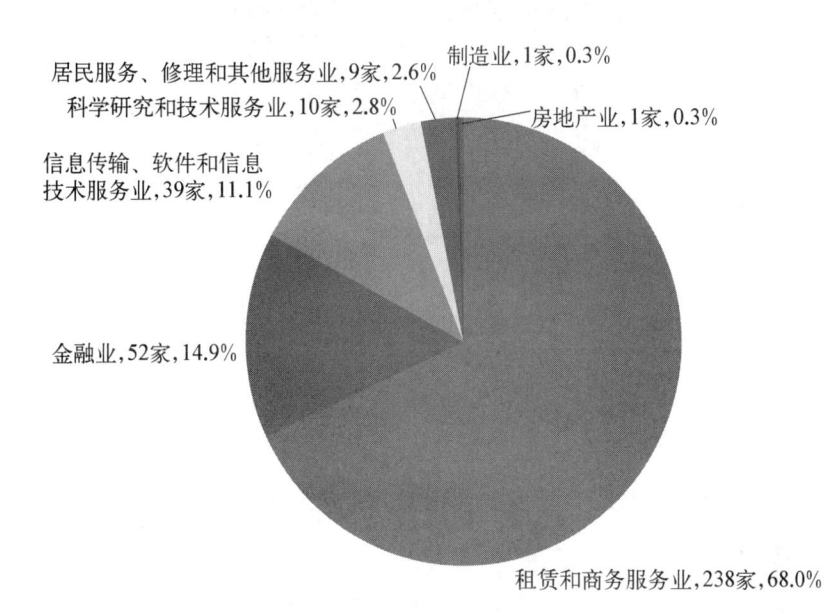

图3-11 浙江省信用服务企业国标行业门类分布情况

(4) 浙江省信用服务企业专利分布情况

结合前文表3-3,经统计,截至2024年1月底,除去具备金融许可证、空号的企业,只留下存续/在业的公司,浙江省有专利的信用服务企业15家,有软件著作权的信用服务企业55家,既有专利又有软件著作权的信用服务企业9家。综上,浙江省有专利和软件著作权的信用服务企业占浙江省信用服务企业总数的比例为20%,相对上海更低。

3. 江苏省信用服务企业的分布特点

(1) 江苏省信用服务企业区域分布情况

江苏省信用服务企业在各市的分布情况,如图3-12所示。

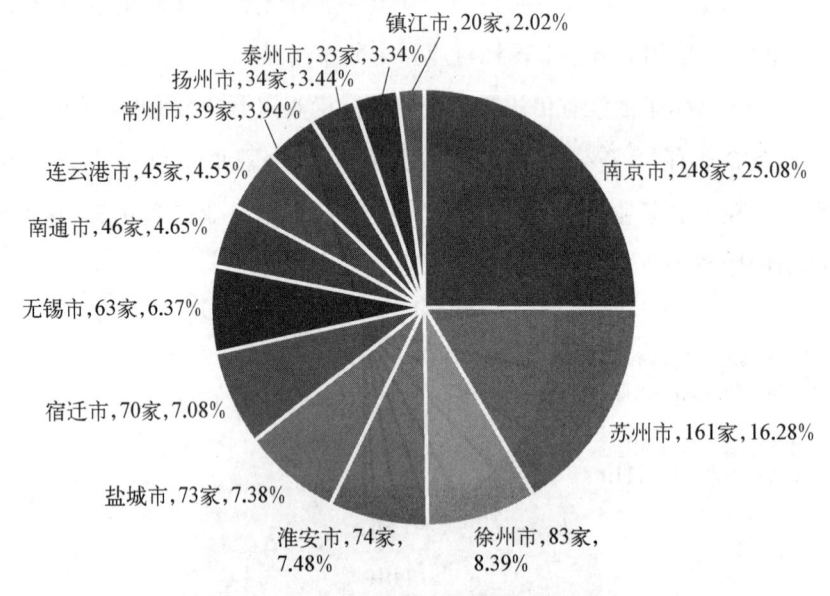

图3-12 江苏省信用服务企业区域分布情况

从图3-12可知,江苏省信用服务企业共有989家,是长三角地区信用服务企业最多的省份。平均参保人数约为5人,说明在江苏省的每家信用服务企业中,平均有5人就业。虽然江苏省的信用服务企业最多,但从事信用服务行业的人员数量相对较少。

其中,江苏省信用服务企业数量排名前五的市分别是:南京市(248家)、苏州市(161家)、徐州市(83家)、淮安市(74家)和盐城市(73家)。这说明在江苏省,南京市对信用服务行业的发展最为重视,其数量远大于上海市各区和浙江省各地级市,说明江苏省信用服务行业的发展水平相对较高。

(2) 江苏省信用服务企业规模和注册资本分布情况

江苏省信用服务企业规模和注册资本分布情况如图 3-13 和图 3-14 所示。

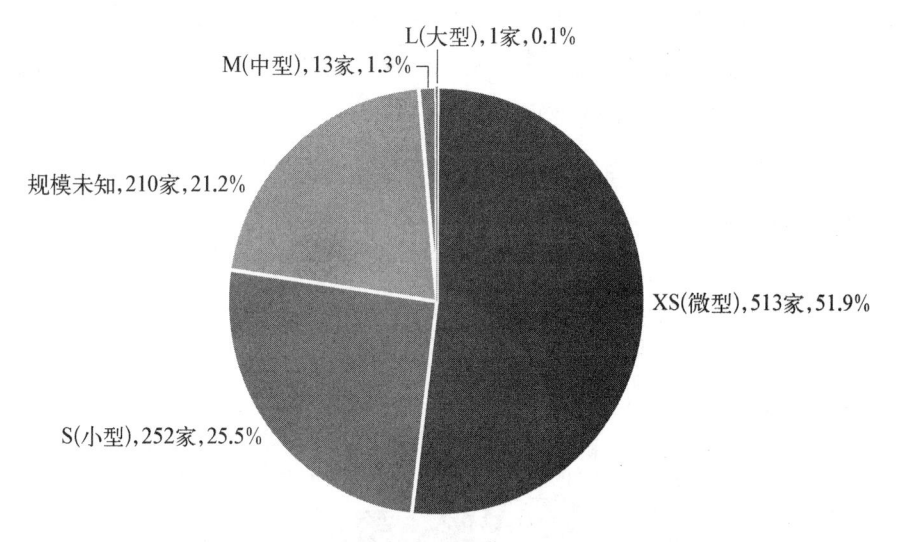

图 3-13　江苏省信用服务企业规模分布情况

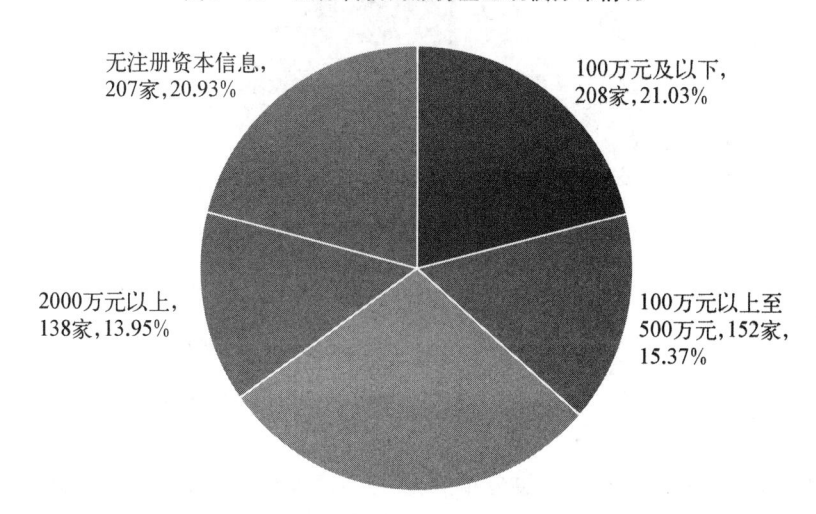

图 3-14　江苏省信用服务企业注册资本分布情况

从图 3-13 可知，微型企业有 513 家，占 51.9%；小型企业 252 家，占 25.5%；有 210 家企业的规模未知；大型企业 1 家，中型企业 13 家。以上企业规模分布情况体现了江苏省的信用服务企业规模以微小型为主，与上海市和浙江省的信用服务企业规模分布情况相似。

从图3-14可知,江苏省的信用服务企业注册资本大多集中在500万元以上至2000万元,这类企业共284家,占28.72%。按照注册资本加权平均,计算出江苏省的平均注册资本为6198.96万元,这一数字远大于上海市的信用服务企业平均注册资本,且与浙江省相近。

(3) 江苏省信用服务企业国标行业门类分布情况

根据行业分类得到江苏省信用服务企业国际行业门类分布情况,如图3-15所示。

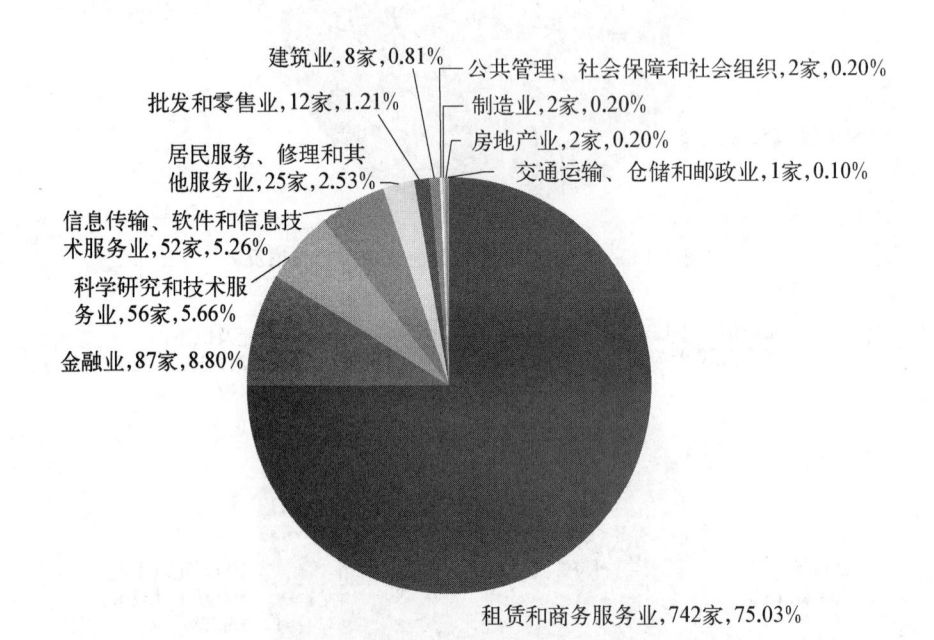

图3-15 江苏省信用服务企业国标行业门类分布情况

- 建筑业,8家,0.81%
- 公共管理、社会保障和社会组织,2家,0.20%
- 批发和零售业,12家,1.21%
- 制造业,2家,0.20%
- 居民服务、修理和其他服务业,25家,2.53%
- 房地产业,2家,0.20%
- 交通运输、仓储和邮政业,1家,0.10%
- 信息传输、软件和信息技术服务业,52家,5.26%
- 科学研究和技术服务业,56家,5.66%
- 金融业,87家,8.80%
- 租赁和商务服务业,742家,75.03%

由图3-15的国标行业门类分布情况可知,江苏省的信用服务企业有75.03%属于租赁和商务服务业,金融业占8.80%,科学研究和技术服务业占5.66%,信息传输、软件和信息技术服务业占5.26%。这说明江苏省的信用服务企业以租赁和商务服务业为主,与上海市、浙江省的信用服务企业国标行业门类分布情况相似。

(4) 江苏省信用服务企业专利分布情况

结合前文表3-3,经统计,截至2024年1月底,除去具备金融许可证、空号的公司,只留下存续/在业的公司,江苏省有专利的信用服务企业28家,有软件著作权的信用服务企业49家,既有专利又有软件著作权的信用服务企业21家。综上,江苏省有专利和软件著作权的信用服务企业占江苏省信用服务企业总数的比例不足10%,比上海和浙江还要低。

4. 安徽省信用服务企业的分布特点

(1) 安徽省信用服务企业区域分布情况

安徽省信用服务企业区域分布情况如图3-16所示。

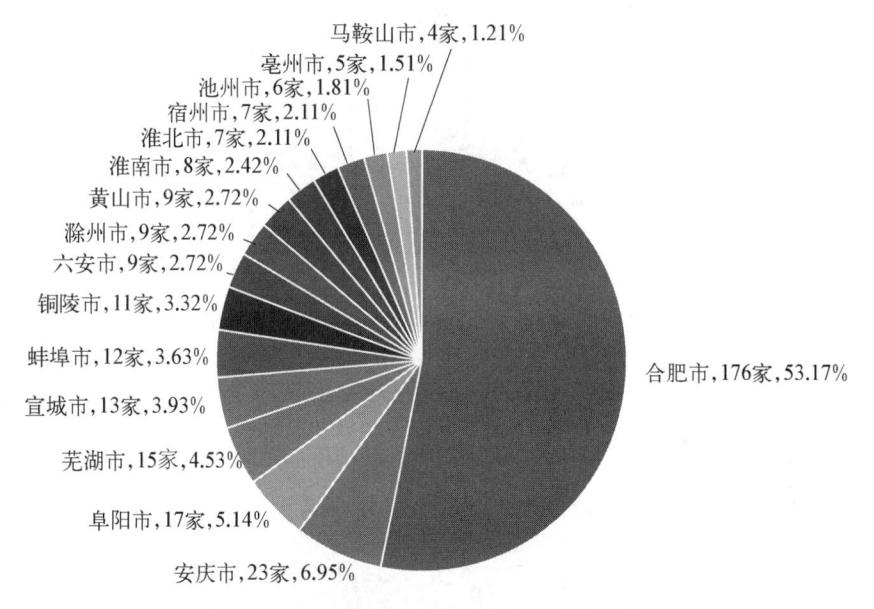

图3-16 安徽省信用服务企业区域分布情况

- 马鞍山市,4家,1.21%
- 亳州市,5家,1.51%
- 池州市,6家,1.81%
- 宿州市,7家,2.11%
- 淮北市,7家,2.11%
- 淮南市,8家,2.42%
- 黄山市,9家,2.72%
- 滁州市,9家,2.72%
- 六安市,9家,2.72%
- 铜陵市,11家,3.32%
- 蚌埠市,12家,3.63%
- 宣城市,13家,3.93%
- 芜湖市,15家,4.53%
- 阜阳市,17家,5.14%
- 安庆市,23家,6.95%
- 合肥市,176家,53.17%

根据前文表3-3和图3-16可知,截至2024年1月底,安徽省的信用服务企业共有331家,是长三角地区信用服务企业最少的省份。平均参保人数约为10人,说明在安徽省的每家信用服务企业中,平均有10人就业。虽然安徽省的信用服务企业数量最少,但从事信用行业的人员数量相对最多,与江苏省相反。

其中,安徽省信用服务企业数量排名前五的市分别是:合肥市(176家)、安庆市(23家)、阜阳市(17家)、芜湖市(15家)和宣城市(13家)。这说明在安徽省,合肥市对信用服务行业的发展最为重视,当然与合肥市作为安徽省会,经济规模相对较大有关。但安徽省的信用服务企业数量远小于江苏省、上海市和浙江省的信用服务企业数量，说明安徽省信用服务行业的发展水平有待提高。

(2) 安徽省信用服务企业规模和注册资本分布情况

安徽省信用服务企业规模和注册资本分布情况如图3-17和图3-18所示。

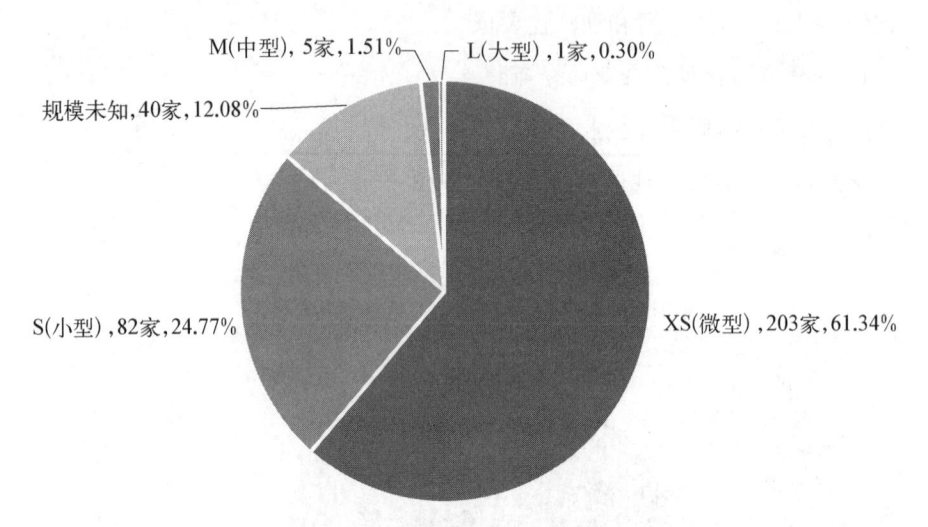

图 3-17 安徽省信用服务企业规模分布情况

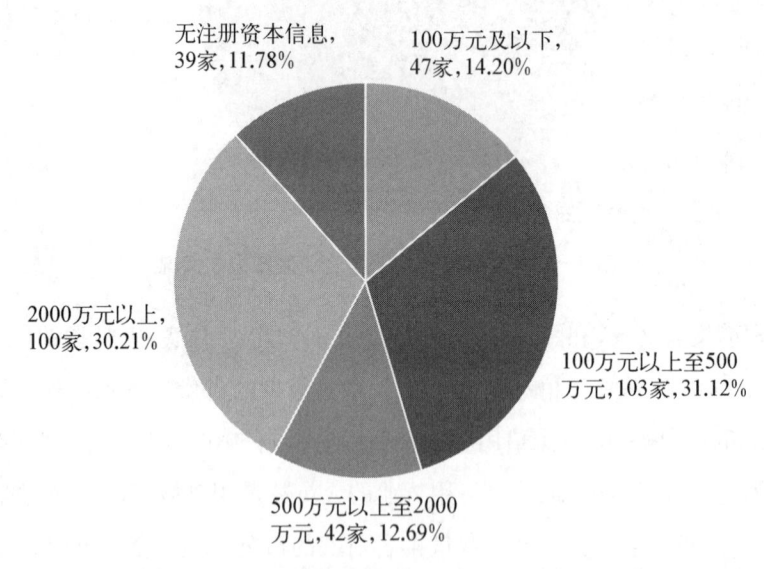

图 3-18 安徽省信用服务企业注册资本分布情况

由图3-17可知，微型企业203家，占61.34%；小型企业82家，占24.77%；有40家企业的规模未知；大型企业1家，中型企业5家。以上企业规模分布情况体现了安徽省的信用服务企业以微小型为主,与上海市、浙江省、江苏省的企业规模分布情况相似。

由图 3-18 可知,安徽省的信用服务企业注册资本大多集中在 2 000 万元以上和 100 万元以上至 500 万元,这两类企业共 203 家,合计占 61.33%。按照注册资本加权平均,计算出安徽省的平均注册资本为 15 742.92 万元,这一数字远大于长三角其他省份的信用服务企业平均注册资本。结合平均参保人数,说明安徽省信用服务企业虽然数量较少,但规模较大。

(3) 安徽省信用服务企业国标行业门类分布情况

根据行业分类得到安徽省信用服务企业国标行业门类分布情况,如图 3-19 所示。

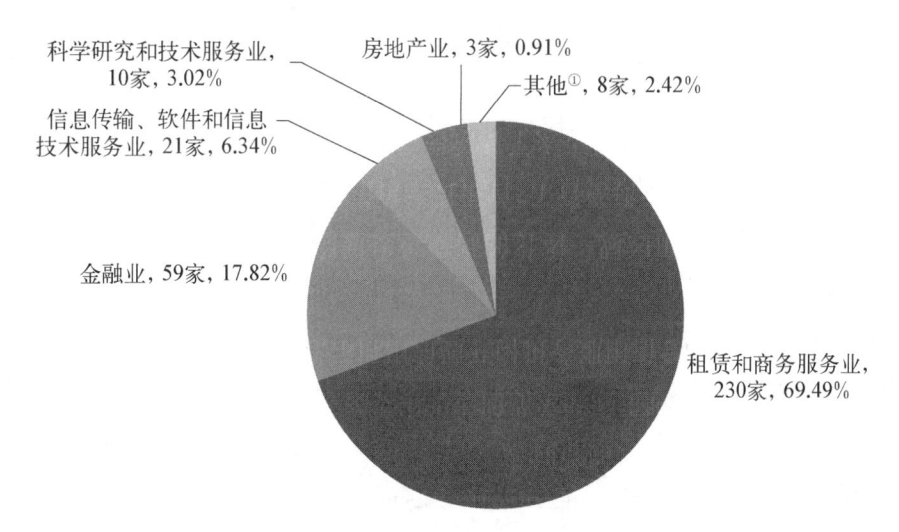

图 3-19 安徽省信用服务企业国标行业门类分布情况

由图 3-19 的国标行业门类分布情况可知,安徽省的信用服务企业有 69.49% 属于租赁和商务服务业,金融业占 17.82%,信息传输、软件和信息技术服务业占 6.34%。这说明安徽省的信用服务企业以租赁和商务服务业为主,与上海市、浙江省、江苏省的信用服务企业国标行业门类分布情况相似。

---

① 其他包括居民服务、修理和其他服务业(2家),批发和零售业(2家),公共管理、社会保障和社会组织(1家),建筑业(1家),水利、环境和公共设施管理业(1家),制造业(1家)。

(4) 安徽省信用服务企业专利分布情况

结合前文表3-3,经统计,截至2024年1月底,除去具备金融许可证、空号的公司,只留下存续/在业的公司,安徽省有专利的信用服务企业10家,有软件著作权的信用服务企业22家,既有专利又有软件著作权的信用服务企业8家。综上,安徽省有专利和软件著作权的信用服务企业占安徽省信用服务企业总数的比例也不足10%,说明安徽省该行业的科技发展水平有待提高。

第三节 长三角信用服务一体化发展的现状与特点

一、长三角信用服务一体化发展的历程与现状

(一) 信用长三角区域一体化的发展阶段(2004—2010年)

在2004—2010年,中国长三角地区取得了显著的经济成就。长三角地区经历了工业化和城市化的迅猛发展,成为中国制造业和服务行业的重要基地。特别是上海,作为金融中心和国际大都市,吸引了大量资本和人才流入,同时成为中国对外贸易和引资的窗口。沿海城市如上海、宁波等通过开放政策积极参与国际贸易,推动了经济迅速增长。科技创新和产业升级进一步提升了长三角地区的经济竞争力。

随着经济和市场的扩大,企业和个人之间的交易逐渐增多,对信用服务的需求也随之增加。企业需要了解合作伙伴的信用状况,金融机构需要评估贷款申请者的信用风险。因此,政府逐步加强征信体系建设,促进了信用服务行业的发展。信用评级机构、商业征信机构得到支持,逐渐形成了相对完善的信用服务体系。

2003年,十六届三中全会提出建设社会信用制度,为社会信用体系的建设和信用服务行业的发展指明了方向。2004年,江苏省、浙江省、上海市三地政府签署了《江苏省、浙江省、上海市信用体系建设合作备忘录》,拉开了区域信用体系合作的序幕,确定了三地"统筹规划、分工协作、探索建立区域性信用体系建

合作机制和信用信息共享模式"。

2005年,长三角地区正式签署了信用体系建设合作推进方案,明确了长三角信用体系工作计划和时间表,全面开启了"信用长三角"的合作。2007年,江苏省、浙江省、上海市三地政府又签订了《长三角信用服务机构合作框架协议》和《长三角信用服务机构规范倡议书》,对于改善区域信用环境起到了重大作用。2008年,江苏省、浙江省、上海市三地政府与中国人民银行共同签署了《共建"信用长三角"合作备忘录》。同年,江苏省、浙江省、上海市三地政府共同签署了《长三角地区信用服务机构备案互认协议书》,确立了建设"信用长三角"的基本思路。2004年至2010年,长三角地区信用服务行业迅速发展,信用服务机构数量大幅增长。其间,一系列知名信用保险公司和征信机构在上海设立代表处或全资子公司,扩大了信用服务的覆盖范围。新成立信用服务机构约20家,其中2005年6月成立的上海市信用服务行业协会进一步规范了行业发展。企业资信调查行业在这一时期获得了快速发展。国内企业资信调查服务公司分为中资、国家机构、外国征信公司。外国征信公司在中国设立分支机构,推动了企业资信调查服务的多元化。信用评级业务也在2004年至2010年迎来了快速发展。市场化类业务主要包括对企业债券、可转换公司债券和金融机构进行的信用评级,涉及的机构包括中诚信国际信用评级公司、大公国际资信评估有限公司等。同时,区域垄断性业务在上海、福州、深圳等地扩展,由机构如中诚信国际信用评级公司等提供评级服务。高科技企业和中小企业评级业务也在北京、山西等地逐渐发展。

总的来说,2004年至2010年,长三角信用服务行业伴随着经济腾飞和政策支持迅速崛起。从企业资信调查、信用评级到信用服务机构的蓬勃发展,为长三角地区的经济活力和市场活动提供了有力支持。随着"信用长三角"的形成,信用服务不仅成为经济发展的必需品,也使长三角地区在全国社会信用体系建设中发挥了引领作用。

(二)信用长三角区域一体化的攻坚阶段(2010—2018年)

2010年,随着信用的重要性逐步加深,为进一步夯实长三角社会信用体系建设的合作基础,拓展合作空间,安徽省宣布全面参与长三角区域信用合作建设。同年,长三角地区共同打造"信用长三角"的纲领性文件——《长三角区域社会信用体系合作与发展规划纲要(2010—2020)》,制定了长三角区域信用体系的合作目标与任务,为"信用长三角"的发展指引了方向。同时随着互联网技术的发展,网络信息共享的需求持续扩大,随着安徽省全面加入"信用长三角",长三角地区制定并实施了《"信用长三角"网络共享平台的共享范围扩大至安徽省工作方案》。2011年,为进一步推进安徽省、江苏省、浙江省与上海市之间区域信用体系建设的协调性与统一性,三省一市启动"十二五"信用规划的编制工作。2012年,举办以"构建信用体系与创新社会管理"为主题的"信用长三角"第三届高层研讨会,在会议中三省一市信用管理部门共同签署《长三角地区信用服务机构备案互认协议书》,20家信用服务机构联合发布《长三角信用服务机构规范服务倡议书》,推动长三角信用一体化更深层次的合作发展。

首部征信业法规《征信业管理条例》自2013年3月15日起施行,明确企业和个人征信系统将作为国家金融信用信息基础数据库。该条例的出台将信用服务行业带到一个有法可依的新时代。2016年,江苏省出台《"十三五"期间深入推进全省企业信用管理贯标和示范创建工作实施意见》,明确在信用管理和示范创建工作中,组织引导信用服务机构开展信用和示范创建辅导、省市示范企业审核复核两类服务。

(三)信用长三角区域一体化的高质量发展阶段(2018年至今)

2019年12月,在上海举行了"首届长三角信用论坛——上海峰会",标志着长三角信用服务行业的发展迈入了新阶段,进一步深化了长三角地区社会信用体系建设,助力长三角一体化高质量发展,确立了"信用长三角"品牌,为区域经济社会发展营造了良好的营商环境。

长三角地区是国家发展改革委批复的全国首个区域信用合作示范区。根据党的十九大精神和国务院《社会信用体系建设规划纲要(2014—2020年)》及《长江三角洲城市群发展规划》等文件要求,长三角区域信用体系建设已有合作基础,下一步将在规划对接、战略协同、专题合作等方面进一步深化合作。

在长三角区域合作办公室以及三省一市社会信用主管部门的指导支持下,由三省一市信用行业协会发起设立的"长三角地区信用(行业)协会联席会议",

将通过举办长三角信用论坛等形式,助力推进区域信用体系建设。

2018年,《长三角地区深化推进国家社会信用体系建设区域合作示范区建设行动方案(2018—2020年)》提出,聚焦环境保护、食品安全、产品质量、旅游等重点领域,建立健全"红黑名单"管理办法,推动联动奖惩机制,促进跨区域信息共享共用。"信用长三角"要成为反映区域高质量一体化发展的重要品牌,到2020年,长三角地区全面完成深化推进区域信用合作示范区的各项任务,成为信用制度健全、信用流动通畅、服务供给充分、联动奖惩有效、信用环境优化的地区。

二、长三角信用服务一体化发展的特点与趋势

长三角信用服务行业正在朝着高质量发展方向迈进,具有以下特点和趋势。

(1) 科技赋能

长三角信用服务行业积极借助互联网、大数据、人工智能等新技术,提升数据的采集、分析和运用能力,实现智能化决策和服务效率的提高。

(2) 创新模式

行业内企业和机构不断探索新的信用服务模式,如信用保险、信用贷款、供应链金融等,扩大了信用服务的覆盖范围,满足了不同领域的需求,推动了信用服务行业的多元化发展。

(3) 规范管理

长三角地区加强了对信用服务行业的监管,注重规范发展,净化市场环境,推动行业向健康、有序、高质量的方向发展,提高行业的整体水平。

(4) 数据共享

长三角地区积极推动政府部门、企业和金融机构之间的信用信息共享,实现了跨机构、跨领域、跨地区的信用信息互联互通,为各类信用服务提供了更为丰富和准确的数据支撑。

(5) 跨界融合

长三角信用服务行业与其他产业领域深度融合,如金融、电商、物流等,推动了信用服务在各领域的应用和发展,形成了更加综合和多元化的发展格局。

（6）国际合作

长三角信用服务行业积极参与国际合作，加强了与国际信用服务机构的交流与合作，促进了国际信用体系的融合与互通。

总体上看，信用服务行业在信用长三角建设中紧扣"一体化"和"高质量"两个关键词，以信用大数据应用为导向，以政务诚信建设为重点，以信用联合奖惩为突破口，规范化推进国家区域信用合作示范区建设，在为区域经济社会发展营造健康良好的信用环境中发挥了不可或缺的作用。信用服务行业协会将继续积极推动信用服务行业的创新和转型升级，构建更高水平、更广覆盖的服务体系，促进实体经济的高质量发展。

第四章
长三角信用服务行业发展的溢出效应

第一节 长三角信用服务行业对营商环境的影响路径与效应评估

一、长三角信用服务行业对营商环境的影响路径

营商环境是市场主体在准入、生产经营和退出过程中所面临的政务、市场、法治和人文等外部因素和条件的总和,是指企业在进行经营活动时所面临的相关外部环境的综合性生态系统,包括公共服务、人力资源、市场环境、创新环境、融资环境、法治环境、政务环境等维度。营商环境的持续优化对于提升区域全要素生产率和促进经济高质量发展具有重要作用。营商环境直接影响招商引资和区域内企业经营,对经济发展、财税收入和社会就业产生重要影响。

党的二十大报告强调,"要完善社会信用等市场经济基础制度,优化营商环境"。营商环境对经济增长的促进作用越来越重要,优化营商环境必须营造良好的信用环境,信用建设与营商环境改革相互辉映。而在加快推进社会信用体系建设的过程中,只依靠政府力量而不发挥信用服务机构力量是不够的,只依靠信用服务机构而缺乏政府强有力的推动也是不行的。应充分发挥市场配置资源的作用,把属于市场机制范围的事情交给市场来解决,利用好第三方信用服务机构的信用服务体系建设者的角色,探索出一条充分发挥政府的组织协调作用和市场化信用服务机构的专业优势,政府和市场共建共创、共享共用、互利共赢的道

路,创造条件让信用服务机构快速发展并充分发挥作用。

信用服务行业作为信用建设的重要力量,是推动营商环境持续改善的关键参与方,本节将从理论和现实效应两个方面深入分析长三角信用服务行业对营商环境的影响路径。

(一) 信用服务行业影响营商环境的理论路径

信用服务行业和营商环境之间存在密切的联系和相互影响。优化营商环境可以为企业的健康发展提供有力支持,而信用服务行业的完善则可以促进市场公平和透明,降低企业的交易成本和融资成本,进一步优化营商环境(图4-1)。信用服务行业包括征信机构、信用评级机构、信用担保机构等提供的信用评估、信用报告、信用担保等服务。营商环境指企业在注册、运营、注销等过程中所面临的市场环境、政务环境、法律政策环境、人文环境。信用服务行业和营商环境是相互影响、相互促进的,两者通过各自所包含的要素互相影响,尤其是信用服务行业的发展为打造良好的营商环境注入了动力。

1. 提供信用信息

信用服务行业通过提供信用信息,帮助市场主体做出更明智的决策,如合作伙伴的选择、风险评估等。这些决策基于信用信息,使得市场主体能够更好地了解彼此的信用状况,降低交易风险和成本。

2. 提供信用评级

信用评级是信用服务的重要组成部分,通过对企业或个人的信用状况进行评估,提供独立的第三方意见。这些意见有助于投资者和合作伙伴了解企业的信用状况,从而做出更合理的投资和合作决策。

3. 优化营商环境

良好的营商环境是经济发展的重要基础,其包括市场准入、法规制度、行政效率等多个方面。信用服务行业通过提供信用信息、信用评级等,帮助政府和企业优化营商环境,提高市场的公平性和效率。

4. 促进经济发展

随着营商环境的优化和市场主体之间合作关系的加强,企业和个人能够更加便捷地进行投资和经营,提高了市场的活力和创新力。

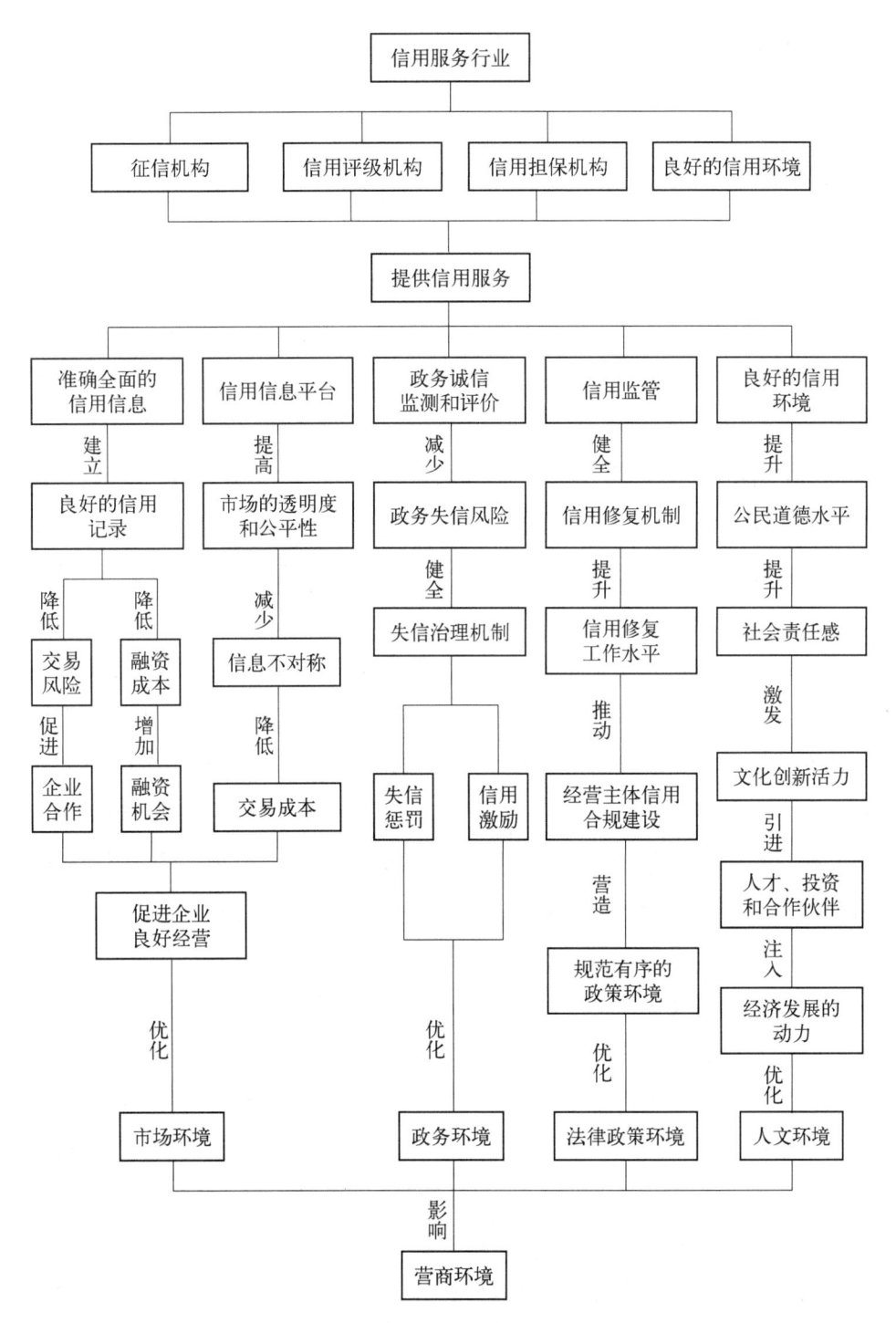

第四章 长三角信用服务行业发展的溢出效应

图 4-1 信用服务行业影响营商环境的传导路径

综上所述,信用服务行业与营商环境之间的影响路径可以归纳为:信用服务行业提供信用信息和信用评级等服务,这些服务帮助市场主体做出更明智的决策,从而降低交易风险和成本。同时,这些服务也帮助政府和企业优化营商环境,提高市场的公平性和效率。最终,这些因素共同促进了经济的发展和社会的进步。

(二)信用服务行业影响营商环境的现实路径

1. 降低信息不对称风险以改善市场环境

信用服务行业可以为长三角区域市场主体提供全面、准确的信用信息,提升市场环境。信用服务机构通过其专业化的信息收集、整理与传播,使得市场参与者能够更为精确地评估潜在交易对手的风险水平与可靠程度,进而减少因信息不对称导致的交易风险。例如,在供应链金融领域,信用服务机构所提供的关于供应链上各家企业的信用信息是金融机构准确评估融资风险的重要依据,从而助力金融机构为企业提供更为合适的融资解决方案。

同时,信用服务行业通过降低企业交易成本进一步提高长三角区域市场效率。在信息高度不对称的市场环境中,交易双方往往需要耗费大量时间与资源去核实对方的信用状况,这无疑增加了交易成本。然而,信用服务机构凭借其专业的信用信息服务,能够帮助交易双方更快速地掌握对方的信用状况,进而降低交易前的信息收集成本与交易中的风险防控成本。由此,市场效率得以显著提升,商品与服务的流通速度加快,这为经济的持续繁荣注入了强劲动力。

此外,信用服务行业在促进公平竞争与优化市场结构方面也发挥着重要作用。通过公开、透明的信用评级与征信服务,信用服务行业揭示了不同市场主体之间的信用差异,使得那些信用优良的企业能够在竞争激烈的市场环境中脱颖而出。这不仅有助于打破"劣币驱逐良币"的市场困境,还有助于促进市场公平竞争。随着信用服务行业的不断发展壮大,更多的市场参与者被吸引进入长三角区域市场,使得市场经济更加充满活力。

2. 拓宽企业融资渠道以改良融资环境

融资难、融资贵一直是制约企业(尤其是中小企业)发展的重要瓶颈。信用服务行业的发展为长三角区域内企业提供了更为广阔的融资渠道与多样化的融资方式。征信机构通过精准评估企业的信用状况,为金融机构提供了更为可靠的贷款决策支持;评级机构通过全面分析企业的经营与财务状况,公开发布信用评级,增强了市场透明度,有效帮助企业开拓一般债券、资产证券化产品融资渠道;担保机构则通过提供增信服务降低了企业的融资门槛与成本。在互联网金融的浪潮下,信用服务机构也积极运用大数据、云计算等现代信息技术手段为企业提供更为便捷、灵活的线上融资服务。这种线上融资模式不仅大幅提升了融资效率,还进一步降低了企业的融资成本。

3. 推动政府治理现代化以优化政务环境

信用服务行业在推动政府监管方式创新与现代化方面也有积极贡献。政府治理的现代化是优化营商环境、提升政府效能的关键所在。通过与信用服务机构紧密合作,长三角区域各级政府部门能够更为全面、准确地掌握市场主体的信用状况,进而实施更为精准、高效的监管措施。这种以信用为基础的新型监管方式不仅提高了政府的行政效率与透明度,还降低了企业经营压力,有助于更好地满足市场主体的多样化需求,为政务环境的进一步优化创造了有利条件。

4. 促进社会诚信体系建设以提升法治环境

信用服务行业的发展对于推动长三角区域社会诚信文化的建设与普及具有积极的影响。社会诚信体系是法治环境的重要组成部分,对于维护市场秩序、保障交易安全、促进经济健康发展具有重要意义。信用服务行业通过广泛宣传信用知识、践行信用文化、深入开展信用教育等多种方式,努力提升全社会的诚信及法治意识。随着社会诚信体系的日益完善与强化,商业氛围更加和谐有序,有利于吸引更多的国内外投资与创新资源,促进区域经济的持续繁荣与发展。

在完善的信用服务体系下,失信行为将受到更为严厉的市场惩罚与社会排斥,而守信行为则将得到更为广泛的市场认可与社会赞誉。具备鲜明奖惩机制的法治环境有助于在全社会范围内形成"守信受益、失信受制"的良好风尚,进一步提升整个社会的诚信与法治水平。随着信用服务行业的不断壮大与发展,市场主体的信用意识与自觉性普遍增强,将明显提升区域法治环境。

5. 强化金融风险防控以维护金融稳定

在金融风险防控方面,信用服务行业也发挥着不可替代的作用。金融是现代经济的核心,而信用则是金融活动的基石。信用服务行业通过提供专业的信用风险管理服务,帮助长三角金融机构有效检测、识别、评估与管理信用风险,降低了重大金融风险的发生概率。信用服务行业通过信用评级、信用担保等多元化手段,对市场主体进行有效的信用约束,确保市场主体严格遵守市场规则。信用约束机制的建立与实施有力遏制了市场中的欺诈、违约等失信行为,维护了市场的公平竞争秩序与金融稳定。同时,信用服务机构通过对企业和个人的信用状况进行持续监测与深度评估,能够及时发现并预警潜在的信用风险,为金融机构提供有力的风险防控建议与支持,进而增强长三角区域金融系统的整体稳定性。金融风险的降低可以为企业创造更加稳定、安全的融资环境,有利于企业的持续创新与发展。

6. 提高国际竞争力以深化国际交流与合作

近年来,国家层面发布了若干关于完善外贸信用体系的文件。2023年8月,商务部、国家发展改革委、金融监管总局联合发布《关于推动商务信用体系建设高质量发展的指导意见》,指出"完善对外投资、对外承包工程、对外劳务合作和对外援助执行等对外经贸合作领域信用奖惩机制"。2023年12月,国务院办公厅发布《关于加快内外贸一体化发展的若干措施》,指出"发挥全国信用信息共享平台作用,推动企业信用信息共享应用,帮助企业获得更多信贷支持。鼓励内外贸企业使用信用报告、保险、保理等信用工具,防范市场销售风险。推动电商平台、产业集聚区等开展信用体系建设试点,营造有利于畅通国内国际市场的信用环境"。信用服务行业通过为长三角区域企业提供国际化的信用服务,如国际信用评估、跨境风险管理以及多元化的融资解决方案等,可以帮助企业跨越文化和地域障碍,更有效地融入全球市场,增强企业的国际竞争力。

综上所述,信用服务行业对长三角区域营商环境的影响是全方位、多层次的。通过降低信息不对称风险、拓宽企业融资渠道、推动政府治理现代化、促进社会诚信体系建设、强化金融风险防控以及提高国际竞争力等多个方面的综合作用与影响,信用服务行业为长三角区域营商环境的持续优化提供了坚实的保障。

经过十多年的发展,长三角区域信用服务行业已经培育了一系列"信用要素",包括国家社会信用体系建设区域合作示范区、长三角征信机构联盟以及一大批获准备案的企业征信机构(主要分布在上海、浙江两地,总数达41家)等。展望未来,随着长三角区域信用服务行业的不断发展,其对长三角区域经济发展的推动作用将更加显著与深远。

二、长三角信用服务行业对营商环境的效应评估

根据全国工商联发布的2023年度万家民营企业评营商环境主要调查结论,营商环境得分位列前十的省份(按行政区划排序)分别为:北京、上海、江苏、浙江、安徽、福建、山东、湖北、湖南、广东。从中可以看出,长三角区域各省份的营商环境得分在全国排名均列前十,并位于全国前列。

北京大学开放研究数据平台发布的《中国省份营商环境评估数据库2023》对2017—2021年中国31个省份的营商环境分指标进行打分,并得出各省份的营商环境指数评分。根据最新数据,2021年,长三角区域各省市的营商环境指数评分均位于全国前列,上海市的营商环境指数评分为69.63分,居全国第一;浙江省和江苏省的营商环境指数评分分别为57.35分和55分,在全国各省份中排第五名、第六名;安徽省的营商环境指数评分为51.25分,在全国排第十一名。

2022年,国家发展改革委颁布的《长三角国际一流营商环境建设三年行动方案》中明确提出"加快建设诚信长三角",包括:(1)深化长三角信用合作,建立健全自然人、法人和其他组织信用记录,完善"信用长三角"平台功能,强化信用信息互联互通与共享应用;(2)推动信用服务领域供给侧改革,培育一批专业化、特色化信用服务机构;(3)充分发挥长三角征信机构联盟和长三角征信链作用,加强地方融资信用服务平台建设,服务中小企业融资;(4)深入推进长三角统一的信用监管制度和标准体系建设,构建跨区域跨部门信用协同监管和联防联控网络;(5)健全失信惩戒对象认定机制,统一长三角地区失信信息公示范围,聚焦重点领域,实行失信行为标准互认、信用信息共享互动、惩戒措施路径互通的跨区域失信惩戒制度;(6)健全政府守信践诺机制,建立政府承诺合法性审查制度和政府失信补偿、赔偿与追究制度。近年来,长三角地区致力于打造具有诚信特质的营商环境,长三角信用服务行业在推动长三角国际一流营商环境建

设中发挥了重要作用。

（一）长三角信用服务行业发展优化营商环境的现状分析

长三角信用服务机构深入参与营商环境建设，其提供的信用信息与信用技术成为营商环境建设的基础，被广泛应用于建设市场环境、政务环境与融资环境等方面。

1. 持续改善市场环境

长三角区域信用服务机构对区域内企业和个人进行信用评估，并形成全面的信用信息，为健全更加开放透明、规范高效的市场主体准入和退出机制提供信用支撑。长三角营商环境市场化建设要求健全更加开放透明、规范高效的市场主体准入和退出机制，制定出台上海浦东、长三角区域协同创新放宽市场准入特别措施，完善市场准入效能评估指标，稳步开展市场准入效能评估。比如，上海市浦东新区推行的市场准营承诺即入制以信用为基础，建立了市场主体"公共信用+行业信用"二元筛查机制。通过对接公共信用信息平台，编制负面清单，对严重违法失信企业"一票否决"，在申办时即自动筛查，予以限制；再由审批部门按照企业行业信用情况，确定具体企业是否适用市场准营承诺即入制。市场准营承诺即入制提升了市场主体准入准营便利度，助力信用主体增信降险，是市场环境持续优化的体现。

2. 持续提升政务环境

长三角区域信用服务机构协助开展分类监管工作，尤其是完善企业公共信用综合评价标准体系。2022年，长三角一体化示范区执委会会同上海市、江苏省和浙江省社会信用管理部门联合印发了《长三角生态绿色一体化发展示范区企业公共信用综合评价实施意见》，提出在"跨域联动，协同推进""数据驱动，信息共享""依法合规，稳步探索"三大原则引领下，构建示范区内企业信用综合评价结果互认机制，力争打造成为企业公共信用综合评价跨区域创新应用的实践基地。信用服务机构可以协助地方政府结合地区经济社会发展实际和市场监管重点难点问题，大胆探索开展地方公共信用综合评价和行业信用评价，有针对性地优化指标体系和评价模型，制定完善公共信用综合评价办法，开展更加精准的公共信用综合评价。企业公共信用综合评价结果是政府开展分级分类监管的基础性依据。同时,根据《2023年上海市社会信用体系建设工作要点》,企业公共信用综合评价应用范围要进一步拓展,着力推动信用评价结果在行政审批、日常监管、表彰评优、资金扶持等场景中应用。

3. 持续优化融资环境

在优化融资环境方面,长三角信用服务机构在信用信息互联互通、金融科技拓展应用等诸多方面助力融资环境改善。长三角征信机构联盟和长三角征信链在地方融资信用服务中发挥了重要作用。长三角征信机构联盟成员单位共同参与建设了"长三角征信链"平台。该平台利用区块链、大数据技术,在实现区域内征信机构数据共享互通方面积极探索,根据不同访问权限,通过有效授权,实现信息异地共享,旨在运用区块链技术,促进长三角地区在征信领域的互联互通。该平台提供了大量长三角地区企业的非信贷数据,既帮助银行更全面地描摹企业信用画像,为授信审核提供参考,帮助银行提升审批效率,又帮助银行提高对于本地企业客户异地关联方的风险识别,弥补异地关联方信息不对称的短板。

此外,在为中小企业提供融资综合信用服务方面,"信易贷"平台发挥了重要作用。以上海"信易贷"平台为例,该平台对上联通全国平台,对下贯通16个区及若干行业、园区子平台,横向联通长三角一体化示范区平台和"信用长三角"平台,通过与多家金融机构、信用机构合作,打造长三角区域"信易贷"关键节点。该平台率先打造全流程放贷共性支撑平台,联合银行、数据源单位、第三方技术公司,建立全流程放贷参考标准,支持各方批量化、自动化、短周期打造全流程放贷产品。平台创新推出"并联审批+模型预警+政策优惠"担保模式,联合市政策性融资担保中心,服务各区开展"批次担保"线上自动化审贷业务。同时,该平台积极支持中小企业发展,建立上海市"3+6"重点产业库,通过产业链分析,推出科创企业白名单,推动新兴产业和新赛道产业创新突破。

(二)长三角信用服务行业发展优化营商环境的未来措施

展望未来,长三角信用服务行业将进一步助力当前营商环境薄弱领域的完善,比如促进中小微企业融资、科技创新体系建设、绿色低碳高质量发展等。

1. 促进中小微企业融资方面

在促进中小微企业融资方面,长三角区域信用服务机构充分发挥数据信用科技的优势,在多个方面支持中小微企业融资。信用服务机构可以针对中小微企业的特征,创新设计个性化的信用评级工具,提供有针对性的信用评级服务;可以利用先进的风险模型,识别潜在风险,降低融资过程中的风险;可以帮助中小微企业拓展信用融资的应用场景,采取更灵活、创新的信用融资方式,如供应链融资、应收账款融资等,以满足不同企业的资金需求。

2. 科技创新体系建设方面

在科技创新体系建设方面,科创企业因其经营风险大、资产结构轻等特征,往往面临融资难问题。信用服务机构可以通过创新评估方法,充分评估科技企业的特征,评估其信用风险,提高其融资的可行性。2024年1月12日,金融监管总局发布《关于加强科技型企业全生命周期金融服务的通知》,提出细化风险评审,突出科技人才、科研能力、研发投入、成果价值等创新要素,分层分类设立科技型企业信用评价模型。考虑到科技创新涉及较高的不确定性和市场风险,信用服务机构还可以为科创企业提供风险管理服务,通过风险管理工具和模型,帮助其管理科技创新项目的潜在风险。

2022年发布的《上海市、南京市、杭州市、合肥市、嘉兴市建设科创金融改革试验区总体方案》提出,通过5年左右时间,将上海市、南京市、杭州市、合肥市、嘉兴市科创金融改革试验区打造成为科创金融合作示范区、产品业务创新集聚区、改革政策先行先试区、金融生态建设样板区、产城深度融合领先区。试验区内金融机构与科创企业、征信机构、信用评级机构可以积极利用大数据、人工智能等技术,建立符合科创企业特征的信用评分、内部信用评级和风险防控模型。相关政策也支持国内外优质信用评级机构以质量为导向创新科创企业评级方法,依法依规开展科创企业评级,推动征信机构在风险防控、反欺诈、精准营销等方面创新征信产品和服务。另外,试验区内科创金融信息互联互通建设有助于推动实现科创企业信用信息、金融服务共享共用。全国一体化融资信用服务平台网络的建设有助于加强水电气、社保、公积金以及仓储物流等信息归集共享,加强本地平台与全国平台的互联互通。

3. 绿色低碳高质量发展方面

在绿色低碳高质量发展方面,信用服务机构通过为企业提供融资、绿色项目评估、创新金融工具等诸多方式,支持区域营商环境建设与绿色低碳高质量发展相结合。当前,多个信用服务机构已经在绿色债券评估认证、ESG评价、生态产品总值(GEP)核算、碳资信等方面提供服务,逐步形成以绿色信用为特色的信用产品和服务体系。信用服务机构还可以协助建设完善区域绿色金融信用体系,协助推动将企业生态环境、节能减排等领域信用信息纳入公共信用信息服务平台,形成政府部门间信息共享、企业信息披露和第三方机构评估评级三者互为补充、相互印证的绿色金融信用信息体系。

长三角信用服务机构将积极参与行业信用建设和信用监管工作,协助政府开展信用评价、分类监管、信用惠民和专项治理等工作,支持营商环境市场化、法治化建设。

第二节 信用长三角一体化发展的溢出绿色经济效应分析与评价

一、信用服务行业在长三角地区的绿色信用服务业务情况

(一)长三角地区对绿色信用服务业务的需求情况

2019年,国家发展改革委印发《长三角生态绿色一体化发展示范区总体方案》,提出要在长三角地区率先探索区域生态绿色一体化发展制度创新,建立统一的公共信用管理制度。具体目标包括:(1)统一公共信用评价体系。统一公共信用信息数据归集标准,探索建立覆盖企业、自然人、社会组织、事业单位等主体的公共信用评价体系。统一红黑名单认定标准,推动结果互认。统一信用修复标准,保障信用主体权益。推动形成区域统一的公共信用报告制度。(2)建立区域信用联合奖惩机制。推动信用信息嵌入一体化政务服务平台,实现事前差异化政务服务、事中分类监管、事后联动奖惩。聚焦生态环境、食品药品、文化旅游、产品质量等重点领域,统一信用治理,建立以信用为基础的市场监管机制。

2023年2月,国务院批复了《长三角生态绿色一体化发展示范区国土空

间总体规划(2021—2035年)》。该规划以国土空间规划"一张图"为依托,统筹各类专项规划,完善区域一体化空间治理机制;重点围绕基础设施互联互通、公共服务共建共享、生态环境共治共保,实现绿色经济、高品质生活、可持续发展有机统一,在长江三角洲区域一体化发展中更好发挥示范引领作用。

2023年12月,国家发展改革委正式发布《长三角生态绿色一体化发展示范区建设三年行动计划》,将建设长三角生态绿色一体化发展示范区作为实施长三角一体化发展战略的先手棋和突破口,提出要全面推进长三角地区绿色低碳高质量发展,加快生态产品价值实现,构建绿水青山转化为金山银山的有效模式,加快完善政府主导、企业和社会各界参与、市场化运作、可持续的生态产品价值实现路径,让生态优势源源不断转化为发展优势。具体重点工作包括:(1)开展示范区生态产品价值核算,逐步拓展核算结果应用场景。鼓励符合条件的碳汇项目参与全国温室气体自愿减排交易市场。(2)积极探索"生态资产权益抵押+项目贷"模式,支持金融机构优化完善绿色信贷、债券保险等绿色金融产品。支持生态环境导向的开发(EOD)项目,将符合条件的跨省域项目纳入生态环保金融支持项目储备库,促进生态环境治理和产业开发项目有效融合、收益反哺、一体化实施。支持创新开展气候投融资实践。

(二)信用服务行业在长三角地区的绿色相关业务情况

在相关政策大力倡导下,信用服务行业在长三角地区积极开展绿色相关业务,提供多种绿色投融资创新服务。

1. 远东资信的绿色服务业务

信用评级机构非常重视绿色认证业务,例如远东资信将绿色业务作为发展重点之一,为市场提供绿色债券评估认证、ESG评价、生态产品价值评价、绿色企业评价、GEP核算、EOD项目咨询等多种服务。其中,生态产品价值评价是以生态产品交易权为定价基础,对其生态价值按照一定评价工具进行市场评价,便于生态信用管理和生态产品市场交换,具体经营开发产品包括生态资产/生态产品的价值评价、区域生态发展咨询、生态产品认证、生态补偿咨询等。绿色企业评价是按照既定评价标准和指标体系,通过对企业主营业务绿色属性的认定、企业既往环境效益实现情况及环境管理制度、公司治理结构等方面的评估,判断企业是不是绿色企业并评估其绿色程度,为企业设计低碳转型方案。

2. 中诚信绿金的绿色服务业务

中诚信绿金依托信用服务领域专业优势,积极参与我国绿色金融事业发展,目前提供绿色债券评估、绿色项目认证、ESG 评级、绿色企业评价、绿色银行体系建设、地方绿色金融咨询等服务。中诚信绿金建立了绿色债券数据库,广泛服务于监管机构、地方政府、金融机构、企业发行人等客户群体,同时参与国内各监管机构相关课题研究和制度指引的制定工作,并与国内外绿色金融机构开展合作。中诚信绿金还关注区域绿色金融体系建设,在绿色项目识别与认证、绿色企业评估等方面和部分绿色金融改革创新试验区建立了合作关系。

3. 联合赤道的绿色服务业务

联合赤道环境评价股份有限公司(以下简称"联合赤道")是具有绿色金融、节能环保、检测/碳认证专业技术优势的第三方服务机构。联合赤道聚焦双碳发展战略,在绿色金融、转型金融、ESG 领域持续深耕,为金融机构、工商企业及地方政府提供绿色债券/转型债券评估认证、绿色银行建设、绿色信贷与碳减排支持工具认证、环境信息披露与压力测试、ESG 披露与评级、绿色信贷管理系统开发、投融资环境风险评估、融资项目可研报告等服务;为政府、机构、平台企业提供地方绿色/转型标准体系制定、绿色项目库认证、绿色金融管理平台开发、碳账户评价、碳金融应用等服务。联合赤道在上海等地设有分支机构,助力长三角地区绿色低碳发展。

4. 中证鹏元绿融的绿色服务业务

中证鹏元绿融聚焦绿色评估认证、绿色金融咨询和低碳业务咨询,引导投资者和发行人在投融资行为中注重对生态环境的保护和绿色产业的发展。中证鹏元绿融拥有会计、审计、金融、环境科学、环境工程或能源工程等复合背景从业人员,配有绿色金融及低碳服务研究团队,负责绿色债券市场融资政策与实务、绿色债券市场风险、绿色金融主题发展、企业社会责任发展、绿色银行、绿色信贷、绿色保险、地方绿色金融发展以及碳核查、碳盘查、温室气体清单编制等低碳课题研究。中证鹏元绿融已在长三角等市场开展了一系列业务实践，在绿色债券认证和ESG咨询等领域积累了丰富经验。

另外，其他信用服务机构也广泛开展绿色债券评估认证、ESG评价、生态资产评估等业务。

二、绿色债券评估认证促进长三角绿色经济发展

绿色债券评估认证是指对债券是否符合绿色债券的相关要求及其绿色程度实施评估、审查或认证程序，发表评估、审查或认证结论，并出具报告的过程和行为。依托绿色债券评估认证机制，专业第三方绿色债券评估认证机构通过开展针对绿色债券发行人发行前的绿色债券评估认证和债券存续期评估认证服务，有助于监督和约束绿色债券发行人规范绿色债券发行和使用行为，从而有效防范绿色债券发行人"洗绿""染绿"等失信行为，降低绿色债券市场诚信风险，提高投资者投资交易绿色债券的信心和效率，进而推动绿色经济稳健有序发展。

2017年，中国人民银行、中国证监会联合发布《绿色债券评估认证行为指引（暂行）》，明确了绿色债券评估认证机构由绿色债券标准委员会统筹实施自律管理，针对绿色债券评估认证机构资质、业务承接、业务实施、报告出具、监督管理等方面做了相应规定，这是我国第一份针对绿色债券评估认证工作的制度性规范文件。2022年，绿色债券标准委员会发布《绿色债券评估认证机构市场化评议注册名单》，包括远东资信评估有限公司、上海新世纪资信评估投资服务有限公司、晨星信息咨询（上海）有限公司等长三角企业在内的18家机构通过绿色债券标准委员会注册。

近年来，在相关政策支持和市场需求带动下，长三角地区企业踊跃通过绿色债券评估认证（以下简称"评估认证"）以促进绿色债券融资支持绿色低碳经济发展。据万得（Wind）资讯统计，2023年长三角企业发行绿色债券1 895.61亿元，其中发行额约占82.54%（1 564.62亿元）的绿色债券经过评估认证。从长期来看，经评估认证的绿色债券发行规模呈现快速增长趋势，将对长三角地区推动能

源、交通、建筑、制造等相关行业经济绿色低碳转型和促进长三角生态绿色一体化发展发挥重要作用。

1. 经评估认证的绿色债券发行额整体快速增长

图4-2显示,近年来,长三角地区经绿色债券评估认证机构开展绿色债券评估认证的绿色债券发行额增长趋势明显。2023年度,长三角地区经评估认证的绿色债券数量为192只,同比增长81.13%;经评估认证的绿色债券发行额1564.62亿元,同比增长52.10%。2017—2023年,长三角地区经评估认证的绿色债券发行额年均复合增长27.17%,呈现快速增长势头。截至2023年底,长三角地区经评估认证的绿色债券余额2924.05亿元,较2022年底余额(2921.38亿元)基本持平,较2017年底余额(1075.84亿元)累计增长约171.79%。

数据来源:Wind资讯。

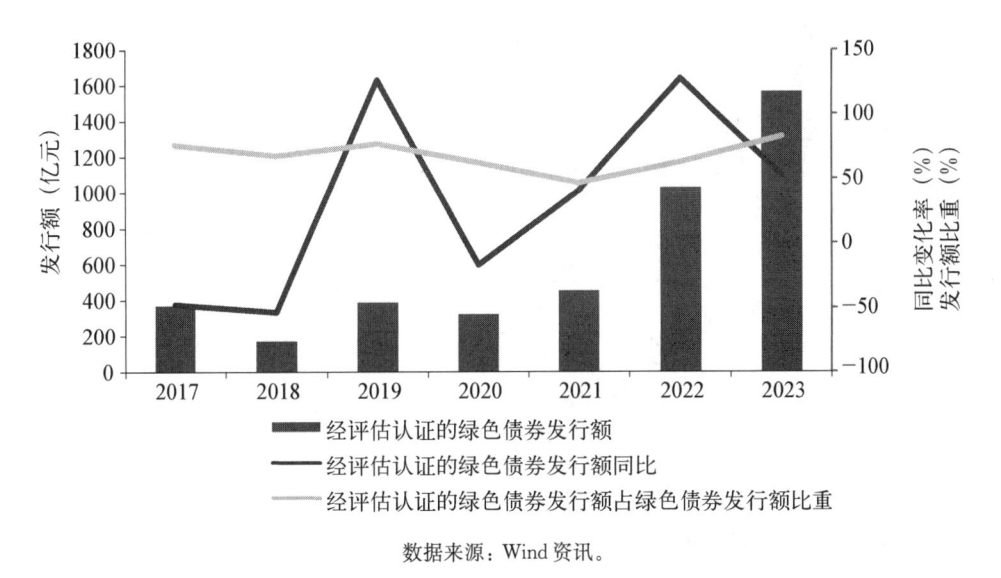

图4-2 长三角经评估认证的绿色债券发行规模变化

从与全国经评估认证的绿色债券发行额比较来看,2023年,长三角经评估认证的绿色债券发行额同比增速(52.10%),快于全国整体增速(7.03%)45.07个百分点;长三角经评估认证的绿色债券发行额占全国比重达22.65%,较上年增加2.26个百分点。2023年度,长三角地区企业成为全国开展绿色债券评估认证的相对活跃区域。

2. 经评估认证的绿色债券发行额和余额按发行人所属行业分布呈现多元化特征

图4-3显示,2023年,长三角地区经评估认证的绿色债券发行额按发行人所属行业分布呈现多元化特征,以金融业、租赁和商务服务业、房地产业等为主。其中,金融业发行871.02亿元(占比55.67%),租赁和商务服务业发行348.23亿元,房地产业发行116.17亿元,水利、环境和公共设施管理业发行51亿元,交通运输、仓储和邮政业发行41亿元,前述五大行业发行额合计占比91.23%。从变化来看,近年来长三角地区经评估认证的绿色债券行业分布(按发行额计权)较为稳定,表现为以金融业为主、实体产业为辅。

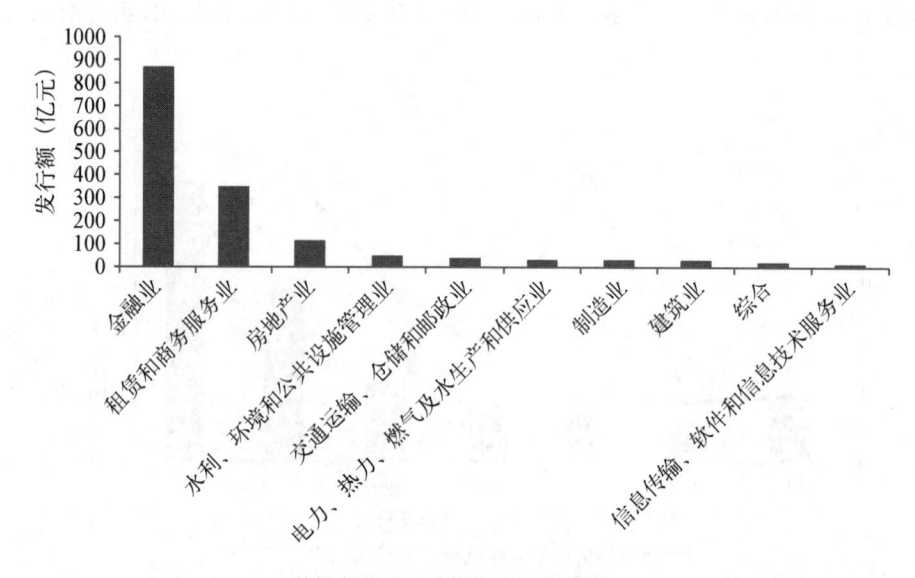

数据来源:Wind资讯(2023年数据)。

图4-3 长三角各行业经评估认证的绿色债券发行额情况

图4-4显示,截至2023年底,长三角地区经评估认证的绿色债券余额分布在13个国民经济行业,以金融业,租赁和商务服务业,建筑业,交通运输、仓储和邮政业,房地产业等行业经评估认证的绿色债券余额居多。

截至2023年底,长三角地区经评估认证的绿色债券隶属发行人159家,其中国有企业122家、公众企业19家、民营企业12家、外资企业5家、其他企业1家。其中,注册在上海的企业33家,经评估认证的绿色债券余额948.13亿元;

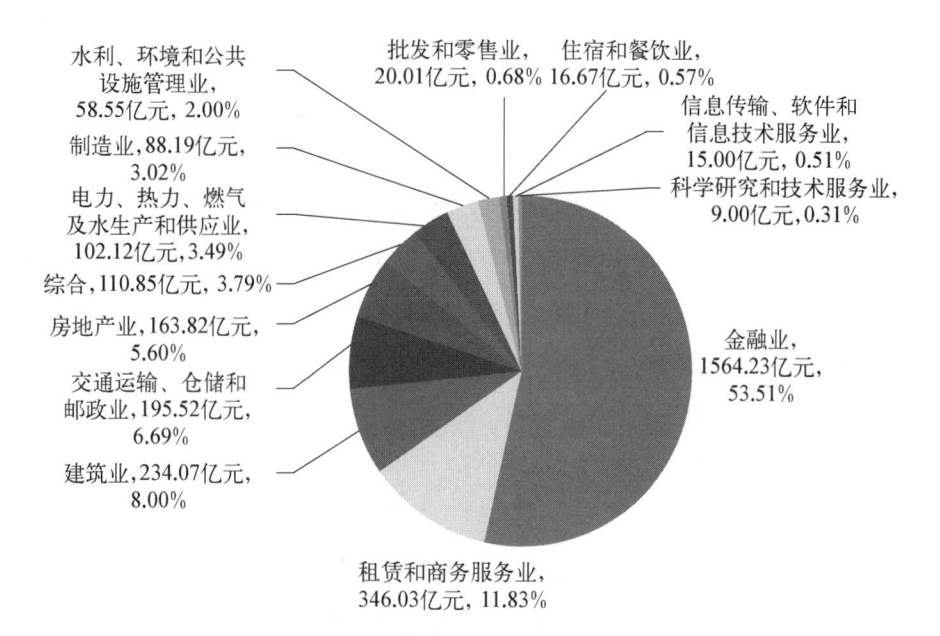

水利、环境和公共设施管理业，58.55亿元，2.00%
制造业，88.19亿元，3.02%
电力、热力、燃气及水生产和供应业，102.12亿元，3.49%
综合，110.85亿元，3.79%
房地产业，163.82亿元，5.60%
交通运输、仓储和邮政业，195.52亿元，6.69%
建筑业，234.07亿元，8.00%
批发和零售业，20.01亿元，0.68%
住宿和餐饮业，16.67亿元，0.57%
信息传输、软件和信息技术服务业，15.00亿元，0.51%
科学研究和技术服务业，9.00亿元，0.31%
金融业，1564.23亿元，53.51%
租赁和商务服务业，346.03亿元，11.83%

数据来源：Wind 资讯（截至 2023 年底）。

图 4-4 长三角各行业经评估认证的绿色债券余额情况

注册在江苏的企业 65 家，经评估认证的绿色债券余额 423.41 亿元；注册在浙江的企业 53 家，经评估认证的绿色债券余额 409.92 亿元；注册在安徽的企业 8 家，经评估认证的绿色债券余额 99.45 亿元。

3. 绿色债券评估认证积极助力长三角绿色经济发展

长三角地区是我国深入落实"碳达峰、碳中和"战略，推进绿色低碳经济发展的重要区域。长三角地区以不足全国 4% 的土地面积，贡献了全国国内生产总值(GDP)的约 24%，是推动国民经济高质量转型发展的重要高地，也是我国能源消费高地，其终端能源需求约占全国的 1/6，且高度依赖化石能源，绿色低碳转型发展任重道远。《中共中央　国务院关于完整准确全面贯彻新发展理念做好碳达峰碳中和工作的意见》明确要求，在长三角一体化发展等区域重大战略实施中，强化绿色低碳发展导向和任务要求。

近年来，长三角地区一批批企业借力具备绿色债券评估认证资质的机构[其中包括中诚信国际信用评级有限责任公司、上海新世纪资信评估有限公司、德勤华永会计师事务所(特殊普通合伙)等总部或分支位于长三角地区的信用服务机构或会计师事务所等]开展绿色债券评估认证等信用服务,顺利发行绿色债券募集资金用于绿色经济发展。

据Wind资讯不完全统计,从2023年长三角地区发行的79只经评估认证的绿色债券发行额来看,募集资金用途广泛,涉及偿还绿色项目贷款、偿还即将到期的绿色债务融资工具,或投放于绿色办公建筑、新能源汽车购置、新能源发电项目建设等领域;其中,规模最大的"23浦发银行绿色金融债01"发行额300亿元。据Wind资讯统计,"23浦发银行绿色金融债01"将用于减少碳排放,减缓气候变化相关领域的绿色产业项目。

三、ESG评价促进长三角绿色经济发展

ESG评价是对企业在环境、社会和公司治理方面绩效的评估,是一种投资和企业评价的方法,关注企业在可持续发展和社会责任方面的表现,而不仅仅关注财务绩效。ESG评价通常包括对企业的环境影响、社会责任和治理结构进行评估,并根据评估结果给予公司相应的评级或得分。ESG评价的目的是鼓励和推动企业在可持续性方面取得良好的表现,提高企业的声誉和长期业绩。

长三角地区作为中国经济最活跃、开放程度最高、城市化水平最先进的地区之一,其在经济发展模式转型、推动绿色低碳发展方面的实践和经验,对中国乃至全球具有重要的示范意义。在全球气候变化和可持续发展日益受到重视的背景下,ESG评价体系为长三角地区提供了一个评估和引导企业及其投资者重视环境保护、社会责任和高效治理的有效工具,以此促进绿色经济的持续健康发展。

通过ESG评价,长三角地区的企业被鼓励采取更加可持续的经营策略,比如提高能效、减少污染、促进资源循环利用、保护生物多样性、实现社会公平以及提升公司治理结构。这些措施不仅有助于企业实现可持续发展,也对促进整个地区的绿色经济转型发挥着至关重要的作用。此外,ESG评价还能吸引更多关注可持续投资的国内外投资者,为长三角地区的绿色产业和项目提供资金支持,进一步加速地区绿色经济的发展。

在面对全球气候变化的紧迫挑战和可持续发展的全球共识下,长三角地区凭借其经济活力、科技创新和政策引导,通过 ESG 评价促进企业可持续发展,进而推动整个区域经济的绿色转型。

1. 环境维度

在环境维度上,长三角地区的企业正日益重视其对自然环境的影响,致力于通过实施各项环保措施,减少生产和运营活动对环境的负面影响。这主要体现在能源转型与碳减排、资源循环利用两个方面。

能源转型与碳减排方面,长三角地区的企业在能源使用上积极向清洁能源转型,如利用太阳能、风能等可再生能源,提高能源资源利用效率,减少化石能源消耗,有效降低温室气体的排放量。企业通过碳足迹审计核算,识别并实施减排策略,如碳捕捉和存储技术的应用进一步推动了碳中和目标的实现。

资源循环利用方面,长三角地区的企业致力于实现循环经济模式,通过优化产品设计、提高原材料利用率以及废物回收再利用,有效减少了资源消耗和废弃物排放。这种模式不仅减轻对环境的压力,也为企业带来经济效益,实现了环境保护与经济发展的双赢。

2. 社会维度

在社会责任方面,长三角地区的企业通过多种途径积极参与社会福利和社区发展项目,建立起良好的企业公民形象,主要体现在员工福利与发展、社区参与和支持两个方面。

员工福利与发展方面,企业越来越重视员工的工作与生活平衡,提供包括健康保险、持续教育、职业发展机会在内的福利政策,确保员工的身心健康和职业成长。此外,通过建立开放透明的沟通机制,企业鼓励员工参与决策过程,增强员工的归属感和满意度。

社区参与和支持方面,长三角地区的企业积极参与社区服务,如教育支持、公益活动等,通过企业丰富的资源,支持社区的可持续发展。这些活动不仅提升企业的社会形象,也促进企业与社区的良性互动。

3. 治理维度

在治理结构方面,长三角地区的企业正致力于建立更加透明、高效和公正的治理机制,以提升企业的管理水平和运营效率,主要体现在透明度与责任、高效决策与合规性两个方面。

透明度与责任方面,企业通过建立健全的信息披露制度,提高运营的透明度,使股东、投资者以及其他利益相关方能够全面了解企业的经营活动和社会责任实践。企业通过强化内部控制和风险管理,能够及时应对潜在风险,保护投资者和其他利益相关方的权益。

高效决策与合规性方面,长三角地区的企业注重提升决策效率和公正性,通过优化治理结构,确保决策过程的合理性和高效性。企业严格遵守法律法规,确保其经营活动的合法合规,维护良好的企业信誉和市场秩序。

4. ESG 评价的综合效应

通过 ESG 评价,长三角地区的企业不仅在环境保护、社会责任和治理结构等方面取得了显著进步,也为区域经济的绿色转型提供了强有力的支撑。这种以 ESG 评价为核心的可持续发展策略,不仅提升了企业自身的竞争力和可持续性,也吸引了更多关注可持续投资的国内外投资者,为长三角地区的绿色产业和项目提供了资金支持。随着越来越多的企业和投资者认识到 ESG 评价的重要性,长三角地区将继续在中国乃至全球的可持续发展道路上发挥引领作用,推动经济、环境和社会价值的共同增长,为实现全球可持续发展目标贡献力量。目前,根据 Wind 资讯统计数据,其共披露了长三角地区 2 014 家上市公司的 ESG 评价结果(截至 2024 年初)。其中,上海市 441 家,江苏省 692 家,浙江省 705 家,安徽省 176 家。长三角地区的 ESG 评价综合平均分高于全国(表 4-1)。

表 4-1 长三角地区 2 014 家上市公司 ESG 评价结果(截至 2024 年初)

省　　份	A 股上市公司数量(家)	ESG 评价综合平均分
上海市	441	6.17
江苏省	692	5.94
浙江省	705	5.95

续 表

省　　份	A股上市公司数量（家）	ESG评价综合平均分
安徽省	176	6.06
长三角地区合计	2 014	6.03
全国	5 339	6.01

数据来源：笔者根据Wind资讯统计数据整理。

第五章
长三角信用服务行业发展面临的问题与建议

第一节 长三角信用服务行业发展趋势

一、国家顶层设计为长三角信用服务行业发展赋予新使命

从我国社会信用体系建设来看,加快信用服务行业发展已到了关键阶段。《社会信用体系建设规划纲要(2014—2020年)》《关于充分发挥信用服务机构作用加快推进社会信用体系建设的通知》等高规格改革性文件接连出台,意味着国家顶层设计已完成,也标志着我国信用服务行业作为社会信用体系的重要组成部分,已进入全面发力、快速提升的关键阶段。长三角作为我国信用服务行业比较发达的地区,依托政策推动,信用服务行业将得到快速发展。

二、监管政策引导为长三角信用服务行业发展指明新方向

随着社会信用体系建设法治化不断健全,行业标准制度化不断提升,以信用为基础的新型监管体系逐步完善,长三角信用服务行业有了明确的发展框架和方向。在信用增进业务方面,2010年颁布的《融资性担保公司管理暂行办法》为担保行业的健康发展奠定了基础,建立了基本的监管框架。2017年施行的《融资担保公司监督管理条例》进一步细化和完善了原有的监管制度,推动行业持续健康发展。随着2018年4月中国银行保险监督管理委员会四项配套制度的出台,形成了"1+4"的法规制度体系,为行业的发展提供了更为完备的制度保障。

在信用评级业务方面,2019 年颁布的《信用评级业管理暂行办法》改变了过去多头监管的格局,有助于发挥监管合力,为信用评级行业的长期健康发展奠定了坚实基础。在其他信用服务行业业务方面,2018 年颁布的《关于充分发挥信用服务机构作用加快推进社会信用体系建设的通知》鼓励创新信用服务产品,提高服务质量和国际竞争力。

2020 年 12 月,国务院办公厅印发《关于进一步完善失信约束制度构建诚信建设长效机制的指导意见》,主动为社会信用体系建设工作"降温"。通过进一步明确信用信息范围,依法依规实施失信惩戒,完善失信主体信用修复机制,以确保社会信用体系建设在法治化、规范化轨道内运行。2022 年底,"千呼万唤始出来"的《中华人民共和国社会信用体系建设法(向社会公开征求意见稿)》正式向社会公开征求意见,有望成为社会信用体系建设的综合性、基础性法律。此外,2023 年 5 月 1 日起正式实施的《失信行为纠正后的信用信息修复管理办法(试行)》,明确条件、规范程序、强调协同联动,为构建高效便捷的信用信息修复制度夯实了基础。

在推动长三角区域一体化进程中,监管政策发挥了引导作用,帮助行业识别新的增长点和机遇,引领信用机构优化服务模式、提高服务质量,进一步促进了长三角地区的信用体系建设和市场环境优化,为长三角信用服务行业的长期健康发展指明了方向。

三、市场规模扩大为长三角信用服务行业发展创造新机遇

随着长三角一体化进程的加速,区域内的信用服务市场规模不断扩大,为长三角信用服务行业的发展带来了前所未有的新机遇。截至 2024 年 1 月底,长三角地区从事信用服务的企业共计 2 039 家,其中上海有 369 家,浙江有 350 家,江苏有 989 家,安徽有 331 家。

长三角地区作为中国经济最活跃、开放度最高的区域之一,其庞大的市场需求和良好的经济环境为信用服务行业发展提供了肥沃的土壤。这不仅促进了信用评级、信用认证、信用咨询等信用服务的快速发展,还推动了信用技术和产品创新,为区域经济的高质量发展提供了有力支撑。

四、信用科技兴起为长三角信用服务行业发展拓展新内涵

近年来,互联网、大数据、区块链、人工智能等新技术的兴起与应用,极大地推动了信用服务变革,为长三角信用服务行业发展提供了强有力的技术支撑,推动了信用服务边界的外延。在此背景下,信用服务机构推动信用服务与信用科技结合,利用技术创新,节约信用服务成本,提高信用服务效率,不断优化信用服务市场业务模式。

新技术的发展也催生了信用服务行业细化。信用科技在信用风险分析方面的应用,让基于信用科技的新型综合信用服务机构不再局限于传统的服务模式,而是向信用风控、信用交易流转服务等新业态不断拓展。长三角信用服务行业面临进一步细化分工、拓展内涵和外延、完善服务结构的新机遇。

第二节 长三角信用服务行业发展面临的问题与建议

一、长三角信用服务行业发展面临的问题

上海市、江苏省、浙江省、安徽省已出台了《长三角地区深化推进国家社会信用体系建设区域合作示范区建设行动方案(2018—2020年)》,建立了联席会议制度,开展城市群信用合作,在环境保护、食品药品、产品质量及旅游等领域先行先试,取得了一定成效。但行政区划分割、信用制度体系差异和区域之间发展不均衡等客观原因,使长三角一体化信用体系建设无法进一步走深走实。

一是区域之间的信用立法推进不均衡。目前,上海市已出台了《上海市社会信用条例》,浙江省出台了《浙江省公共信用信息管理条例》,江苏省和安徽省尚未出台信用相关法律法规。由于信用法律法规建设的滞后性,一定程度上影响了江苏省和安徽省参与长三角一体化信用体系建设的主动权。

二是区域之间的信用信息共享不充分。三省一市分别出台地方条例(或规章),对所在地区公共信用信息进行规范和管理,但由于各地对公共信用信息的

范围和标准界定存在差异,加之缺乏统一的长三角一体化信用平台,客观上造成了长三角区域内各地的公共信用信息各自为政,进行必要的整合是大势所趋。

三是跨区域联动奖惩监管机制不完善。由于三省一市相关行业领域内的"信用红黑名单"认定标准不统一、信用服务行业统一监管标准缺乏、惩戒措施存在差异,无法真正做到互认互用。

四是资源、产业链、业务协同尚不够。若基于信用的信息、数据、系统和技术被广泛运用于担保、评级、风控、咨询等多个细分领域,可带来显著的规模效应。但目前长三角的信用服务行业尚未形成完整的、符合发展需求的产业链条,绝大多数信用服务机构仅涉足信用服务中的个别领域,资源协同能力和规模效应较差,亦无力为市场提供具有信用科技能力和资源协同性的综合信用服务。

二、进一步推进长三角信用服务行业发展的建议

1. 做实信用服务行业协会,发挥其桥梁纽带的平台功能

借鉴注册会计师事务所、律师事务所的行业管理方法,用地方立法给予协会一定的具体文件政策支持,以切实树立协会的威信:一是用地方立法形式,将资信评估、信用征信机构列入第三方鉴证类机构,实行当然会员制的行业管理方式,对从业人员进行注册管理;二是以地方立法和出台文件形式,落实协会行业信用标准制定权,发挥协会专业人才机构优势,引领商业信用行业和指导其他行业乃至制定统一的行业信用、社会信用标准体系;三是结合政府部门监管,切实执行协会自律章程,提高协会自治性。强化违反行规的惩戒力度,对有违法违规行为的信用服务机构和从业人员进行曝光,依法依规实施市场禁入,并实施联合惩戒。

2. 搭建数据共享平台、统一行业标准,培育良好的信用市场

推动建设信用长三角平台,实现三省一市行政许可、行政处罚等双公示数据、失信被执行人信息、重大税收违法案件当事人信息等公共信用信息按需共享、深度加工、动态更新和广泛应用。互相借鉴开展主体信用评价的经验,开展公共信用主体综合评价,探索形成区域统一的评价标准体系,研发针对社会法人的公共信用评价创新产品。拓展公共信用评价的应用场景,推动信用评价结果

在政府公共管理及服务、信用惠民等场景中的深度应用。

3. 四地政府联合出台扶持专业类信用服务机构的政策措施

鼓励长三角有代表性的信用服务企业在本地区或跨地区重组并购,尤其是并购具有一定国际影响力的机构,提高长三角信用服务行业国际竞争优势。同时,面对国际信用服务机构巨头进入长三角市场所带来的巨大生存压力,四地政府联合出台相关的扶持政策,如行业财税优惠政策,政府信用服务采购政策,引进具有国际视野、熟悉国际法律和业务的人才政策,等等。

4. 合力拓展重点领域跨区域联动,建立信用服务合作网络

探索构建安全生产、公共服务、城市管理、税收监管等重点领域的跨区域联动奖惩机制,形成"失信行为标准互认、信用信息共享互动、惩戒措施路径互通"的跨区域信用联合奖惩格局。长三角区域已经在环境保护领域实施了信用联合奖惩合作备忘录,有效促进了长三角地区环保领域信用管理水平的提升,建立了守信激励和失信惩戒机制,营造了良好的信用环境。未来有必要将这种联合奖惩的合作模式推广到更多领域,从而建立更加广泛的信用服务合作网络。

第六章
信用赋能长三角高质量发展实践

第一节　上海："信易贷"平台"技术＋模式"双轮驱动服务实体经济

上海"信易贷"作为全国融资服务网络的重要节点之一，依托"技术＋模式"双轮驱动，信用服务机构积极参与提供技术支持，多方合作共同发力，在服务实体经济高质量发展方面进行实践探索。

一、上海"信易贷"工作开展的总体情况

在国家发展改革委、国家信用中心指导下，按照国家总体框架，上海市信用中心于2020年5月建设开通上海"信易贷"平台。开通运行3年多来，平台上线800余款金融产品，入驻金融机构43家，产品查询超2100万次，授信金额近1万亿元。上海"信易贷"平台连续两年荣获全国示范平台称号，入选国家发展改革委"信易＋"应用典型案例。

1. 形成了一张纵横连接的系统网络

上海"信易贷"平台首批完成省级节点建设，对上联通国家平台，接收国家下达的各类信用数据，上报上海市融资成效和信用信息；对下构建贯通16个区、长三角一体化示范区，以及漕河泾开发区、浦东软件园等若干园区子平台，外贸、新基建、文创科创、信易投、供应链金融等若干行业子平台。基本形成上下联动、横向联通的网络体系。同时，根据国家战略部署，上海市积极推动长三角兄弟省市

的横向连接。上海"信易贷"平台通过系统网络探索实现对上海市优势产业和重点园区的精准服务,如支持虹口区财政补贴利息和担保费,并实现"信易贷"与"科技贷""虹企贷"联动;支持普陀区开展5万家企业信用画像,定制上线"智能贷""科技贷""研发贷"和"文创贷"等专属特色产品;支持崇明区开展"信用村""信用户"评定,推出"农信保"等低利率信贷产品。

2. 形成了一个多源多维汇聚的数据基座

按照《国务院办公厅关于印发加强信用信息共享应用促进中小微企业融资实施方案的通知》(国办发〔2021〕52号)中"信用信息共享清单"明确提出的要求,上海"信易贷"平台持续推进将纳税、社保和公积金、进出口、水电气等数据纳入共享范围,统筹对接国家平台、市大数据中心、市信用平台多维数据源,扩充信用信息"数据池"。

(1)上海"信易贷"平台统一接收国家平台数据,调通企业欠税查询、企业纳税非正常户查询、市场主体登记信息、海关注册信息等26项信用信息。依托建设运维的信用长三角平台,对接苏浙皖公共信用平台,可实时相互调取授权查询版公共信用报告。

(2)上海"信易贷"平台公共数据授权运营模块系统梳理税务、社保、公积金、不动产等40余项数据资源,围绕纳税、发票、利润、资产负债、不动产登记等40余项数据构建了基于年收入、负债率、稳定性、研发投入等各维度共计60项指标。

(3)上海"信易贷"平台的上海信用平台数据与83个数据源打通,将上海市双公示、法院判决、限制高消费令、失信被执行人等8 000余个数据项、55亿条信用信息纳入平台共享范围,重点用于企业信用综合评价。

(4)上海"信易贷"平台的区级平台数据将股东信息、企业发明专利、营业收入等16项数据字段纳入数据清单,同时叠加园区企业办公面积、三级税收、区级税收、专项奖励等特色数据,为开发专项信贷产品打牢数据基础。

(5)上海"信易贷"平台的第三方信用服务机构数据依托长三角数据模型研究实验室,引入全国政采、银联消费、技术交易合同、轨道交通、供应链交易等市场化特色数据,开设第三方服务专区,支持第三方信用服务机构在长三角数据模型实验室开设专业实验室模块,融合公共数据和第三方数据,服务金融机构产品创新。

3. 形成了一批立足特色信贷产品的应用场景

上海"信易贷"平台优选上线800款信贷产品,涵盖企业经营、个人经营、消费和涉农等多个类型,支持抵押、质押、保证、无担保等多种方式,方便用户自主搜索、筛选、排序,可实现"一键授信、一键放款"。目前,纯信用、纯线上、秒批秒贷等特色产品占比近60%,平均放款耗时不超过3天,平均利率低于5%,贷款额度最高可达3000万元,最长期限可至20年。

上海"信易贷"平台服务国家重大战略,首创新基建贴息,叠加1到1.5个点的贴息优惠政策,累计授信100亿元;服务进出口贸易,联合中国信保定制"WE易融""保易融"等保单融资产品,已授信30亿元;服务科技创新,携手上海技交所推出"上市技易贷",额度高达5000万元,期限长至5年,助力加快科创企业核心技术攻关与科技成果转化。

4. 形成了一套供需高效互动的服务体系

上海"信易贷"平台在线上,搭建对外信用融资服务网站,在"一网通办""随申办""支付宝"开辟专属"信易贷"模块,开发微信小程序,整合银行各类贷款产品,支持信用主体"自主点单"和"智能推送";依托大数据技术将上海市区政府各类专项扶持政策精准推荐、自动推送目标企业,实现从"人找政策"到"政策找人"的转变。上海"信易贷"平台在线下,通过活动宣传、媒体投放和园区触达多点发力,举办世界人工智能大会"信易贷"分论坛,亮相全国"双创周"、中国"品牌日",开通地铁"信易贷"专列,定期开展"走进"系列活动。上海"信易贷"平台访问量持续走高,产品累计访问近2100万次。

5. 形成了一条多方无缝衔接的"快速通道"

服务中小微企业融资除了搭建融资需求企业和金融服务机构的桥梁,还需要搭建和政府部门、行业协会等的沟通渠道,与金融、发改、工信、财税、工商联等综合部门加强协调,与行业主管部门、行业协会加强沟通,推动解决政策落实中的堵点、难点问题,梳理总结典型经验,加强宣传推介,提升社会效应。为此上海"信易贷"平台持续迭代升级,全新上线4.0版,着力打造面向企业、金融机构、政府部门"三位一体"的融资服务体系快速通道。

（1）开通政府中台，支持政府部门通过政府中台批量上传企业白名单、自动推送金融机构、追踪监测白名单企业获贷情况；支持政府部门叠加政策支持，如贴息、补贴、担保等各项优惠政策。

（2）上线金融中台，支持合作银行通过金融中台登录专属账号、自主发布产品、线上融资需求对接、查看企业信用报告并开展贷中贷后风险监测预警，快捷服务中小微企业信贷需求。

（3）搭建智慧管理后台，对调用数据接口流量、运行状态、企业授权等活动开展实时监控预警，提升平台数据安全应用管控水平；对重点行业区域企业经营状况、风险状况、信贷需求进行监测预测，对于成长较快、风险较小、融资需求旺盛的行业区域企业进行融资精准服务。

二、技术驱动，提升上海"信易贷"平台功能的探索

1. 应用隐私计算技术，缓解数据共享可信环境缺失问题

对数据使用安全性的担忧，是掣肘数据源单位进行数据共享与开放的主要因素。为此，上海"信易贷"平台引入隐私计算技术推动多源数据融合应用，在整体隐私计算安全框架下，各数据源单位数据不出安全域，在保护数据安全的同时实现公共信用数据以及第三方数据跨域合作。该平台在确保数据交互安全、使用合规、范围可控前提下，支持金融机构模型训练，实现"数据可用不可见、用途可控可计量"，有效解决数据隐私保护、安全合规、共享信任等方面的痛点问题，为数据共享应用提供安全可靠的技术保障。

2. 应用区块链技术，避免数据篡改伪造问题

按照全市以市大数据中心为统一通道依清单归集数据的要求，上海"信易贷"平台接入的信用信息依次经过区级部门—市级部门—市大数据中心多级流转，数据链路较长，传输过程存在数据被篡改和操控风险。为解决这一安全问题，该平台采用区块链技术建立多层次网络节点，记录数据从产生到流转全过程，利用共识机制实现各节点之间数据的一致性，确保数据不可篡改，提高可信度，有效保护企业数据安全和隐私，防止数据被恶意攻击或泄露。

3. 应用人工智能技术,解决信贷流程体验不佳问题

贷款申请和发放流程烦琐、材料繁杂、耗时耗力是许多贷款企业和金融机构的共同感受。上海"信易贷"平台依托大数据、人工智能技术,持续优化融资智能匹配服务,按照需求额度、经营规模、营收能力和服务范围等指标对企业进行精准画像,按照服务类别、授信额度和担保期限等对产品进行精准分类,辅助融资主体快速定位适合的融资产品。开发上线"智能客服"机器人,解答用户各类问题。以杨浦区子平台为试点研发"政策智能匹配"功能,对区内惠企政策细化标签分类,配置政策原文、政策解读等核心要素,绘制政策"全景图"和"导航图",实现对政策信息的自动化分析、智能匹配以及个性化的借贷需求对接,得到了融资服务企业的广泛好评。

4. 应用大数据分析技术,解决银企对接不精准问题

针对海量信用大数据,上海"信易贷"平台运用数据挖掘技术开展数据收集清洗、存储管理、指标加工、模型训练和分析预测,不断提升数据质量,有效减少金融机构数据加工时间和成本;分析特定行业领域发展趋势和融资需求,服务金融机构信贷产品精准投放;运用大数据分析技术实时监测企业信用状况,为金融机构提供系统性"红绿灯"风险预警和贷后风险监测功能;打造宣传活动管理系统,开展数据挖掘和可视化分析,实时监测分析广告、活动等的宣传效果,助力金融机构提升获客效率。

5. 应用大模型技术,解决金融机构建模效率不高问题

大模型是指具有大规模参数和复杂计算结构的机器学习模型。大模型在各种领域都有广泛的应用,包括自然语言处理、计算机视觉、语音识别和推荐系统等。构建金融大模型所需要的模型环境、数据饲料、指标样本,是推动金融大模型建设和应用的重要内容。上海"信易贷"平台依托长三角数据模型研究实验室,构建内置样本库、指标库、算法库、场景库,并支持金融机构开放式扩充。该实验室采用全新的"指标中心"管理模式,通过指标精细化设计、数据多渠道交叉验证、抽象管理和实例化应用等机制建立"集约化、标准化和共享化"的指标体系,服务金融机构便捷开展数据应用、提升业务效率满足金融机构对建模算法的闭环应用场景。金融机构可根据自身应用需求,自由选择数

据模块、样本模块、指标模块,定制化配置应用建模策略和参数,选择与产品定位相匹配的样本群,在数据可用不可见的环境下进行模型智能实时跑分,系统将智能生成相关试验报告,缩短金融机构新产品以及存续产品优化的模型研发周期。

基于金融大模型,在金融风险管控方面,该实验室创新推出标准化产品、数据挖掘分析、金融产品创新等服务,包含基于深度学习模型交叉验证的核实认证、基于内置评价模型的企业标准化评分、长三角一体化企业标准信用报告和通过应用程序接口(API)服务于平台在线金融产品申请等。在融资场景创新方面,该实验室支持金融机构创新长三角"信易贷"产品和服务,打造长三角安居、就业、教育、养老、科技等特定场景信贷业务。

三、模式创新,提升上海"信易贷"服务效能的探索

1. 探索共建、共享、共用的平台运营模式

上海"信易贷"平台服务对象为市场化金融机构,为节约财政资金同时不提高借贷成本,该平台采用合作金融机构分摊成本的共建共享共用建设运维模式。该平台在运作中,建立平台项目资金管理制度体系,加强招投标管理和执行监管,规范决策程序,重大事项定期向合作机构通报,既保证平台持续迭代,又使得各方成本逐年下降,得到金融机构普遍好评。

2. 探索"银行+数据源单位+第三方技术公司"的全流程放贷模式

一站式全流程贷款服务是"信易贷"功能升级、服务优化的重要方向。上海"信易贷"平台以承担国家联合建模试点为契机,建立全流程放贷技术参考架构标准,提供数据探查、数据治理、快速建模、产品发布等工具箱,支持银行批量化、自动化、短周期打造全流程放贷产品。与中国银行等联合创新"信贷模型双线部署"模式,构建预授信和审贷模型,实现平台申贷、获贷、续贷一站式办理,为用户提供了更为便捷的信贷体验,助力银行探索普惠金融新模式。试点项目产品申请达1500次,累计授信金额已超80亿元。

3. 探索建立产品级标准化的数据服务模式

上海"信易贷"平台率先引入隐私计算技术,汇聚多维数据源,依托建设的

指标库、样本库、模型库、算法库,支撑长三角"信易贷"平台服务金融机构定制化灵活配置建模策略,批量化生产贷款产品。目前已有30多家银行通过长三角数据模型研究实验室训练模型4 000多次,支持创新产品超50个。例如,依托该实验室与网商银行深度合作,运用联邦学习、决策引擎等技术,确保在数据流通安全合规的前提下,支持"网商贷"产品优化风控模型,有效降低中小企业融资成本。上海"信易贷"平台构筑"公共数据+市场数据"合作生态,建设第三方服务专区,通过专区推荐第三方专业化的数据服务产品供金融机构使用。这一方面满足合作金融机构呼吁公共数据和市场信用数据加速融合、叠加支持企业"精准画像"的现实诉求,另一方面激发公共数据和市场数据"化学反应",有利于市场化数据场景拓展和增值变现,促进释放数据要素价值。

4. 探索"公共数据+市场数据"的实验室融合模式

上海"信易贷"平台首创"长三角数据模型研究实验室",打造高水平数字化新基建,为合作共建金融机构提供跨域基础资源共享,探索"数据可用不可见、用途可控可计量"的创新模式。该实验室于2022年9月在国家公共信用信息中心、市发展改革委、市地方金融监管局、中国人民银行上海总部、市银保监局、市中小办等部门领导见证下授牌开通。三省一市信用办于2022年12月完成《公共信用信息共享共用合作协议》签约,明确共同推进实验室建设。2023年9月上线实验室2.0版本(表6-1)。

表6-1 长三角数据模型研究实验室2.0建设情况

专业实验室模块	建 设 内 容
科创金融专业子模块	2023年7月,上海市经济信息中心联合杨浦区、上海技术交易所签约发布实验室科创领域专业模块,旨在通过分布式数据计算框架、大数据处理引擎,对各参与方数据进行标准化处理,提供共享应用支持。科创子模块重点打造针对拟上市培育企业、专精特新企业、高新技术企业的综合数据库,涵盖公共信用数据、知识产权数据、技术交易合同数据、科创企业融资样本数据等,预计可覆盖长三角科技型企业6万余家。目前上线的"技知融""技易贷"两款产品已达成科技金融融资金额13.18亿元

续　表

专业实验室模块	建　设　内　容
供应链金融专业子模块	2023年9月,在2023年中国国际服务贸易交易会上,上海市经济信息中心联合中经网、中国银行、邮储银行、微众银行等金融机构以及京东科技启动建设供应链金融专业子模块,旨在汇聚公共信用数据、全国各级政府采购项目中标数据、核心企业招投标、核心企业供应链数据(与核心企业有供销关系的企业名单、供销往来次数等),服务金融机构提供更符合中小微企业全场景的产业链金融服务,搭建面向全国各级政府采购项目供应商的优质信用贷款产品,形成基于内外部多维数据支持的供应链风险防控体系,为降低核心节点企业融资成本提供"试验田"。目前中经政采贷、科创贷累计授信金额超400亿元
园区楼宇整体授信专业子模块	2023年9月,上海市经济信息中心联合虹口区"信易贷"子平台与工商银行、建设银行、中国银行、民生银行和农商银行签约发布实验室园区授信专业子模块,选取明珠创意产业园区、上海滩国际大厦等12个楼宇、园区作为首批试点,开发纯线上、预授信、秒批秒贷的虹口秒贷特色产品。将股东信息、企业发明专利、营业收入等16项数据字段纳入数据清单,同时叠加园区企业办公面积、三级税收、区级税收、专项奖励等特色数据,为开发专项信贷产品打牢数据基础
G60科创走廊金融专业子模块	2023年10月,上海市经济信息中心联合松江区、长三角G60科创走廊金融服务中心共建G60科创走廊金融专业子模块,充分发挥科创走廊重要平台作用,通过实验室实现上海、嘉兴、杭州、金华、苏州、湖州、宣城、芜湖、合肥9个城市公共数据互联互通,围绕重点产业集群深化布局,支持金融机构开展G60科创贷、园区贷等特色产品创新和跨域授信,共同服务好长三角一体化发展国家战略

截至目前,实验室合作生态逐步壮大,先后上线了科创金融、供应链金融、园区楼宇整体授信、绿色金融、G60科创走廊金融服务等专业子模块。上海"信易贷"平台探索构建"1＋X＋N"实验室综合服务体系,即:1个长三角数据模型研究实验室,X个行业领域子模块(科创金融、供应链金融、消费数据模型等),N个区域子模块(园区楼宇整体授信、G60科创走廊金融等)。国家公共信用信息中心领导带队就实验室建设开展专题调研,长三角数据模型研究实验室已被列为国家重点推广工作。

5. 探索创新"并联审批＋模型预警＋政策优惠"担保模式

上海"信易贷"平台上线"担保风控模块",改变线下人工逐笔审批的传统模式,实现在线风险核查、逐级审核、保后检查、风险预警等全过程管理。接入上海市政策性担保中心,共服务5个区级子平台开展"批次担保"线上自动化审贷业务,审批周期缩短至1周,累计服务企业超2万家。以虹口区为例,辖区企业可在线多渠道进行融资担保产品申请,产业部门根据辖区企业信用信息开展风险核查,通过线上逐级审核,形成"担保白名单"。上海市担保中心依托上海"信易贷"法人担保评价模型对白名单企业实施分级管理,将符合准入条件的企业自动化分包推送至合作银行。合作银行通过自动化预警模型筛选,对符合规则且授信额度在1000万元以下的企业自行审批、放款,实现"秒担快贷"。产品首期额度20亿元,担保费补贴90%,贷款贴息50%,实际利率低至1.8%。

四、展望未来

中央金融工作会议强调要坚定不移走中国特色金融发展之路,推动我国金融高质量发展,加快建设金融强国。"信易贷"模式是发展普惠金融、促进金融服务实体经济的有效路径,是中国特色现代金融体系的重要组成部分,是坚定不移走中国特色金融发展之路的具体体现,充分体现了金融工作的政治性和人民性。全国各地方、各有关金融机构推进"信易贷"工作取得积极成效,在信用信息共享、全国一体化融资信用服务平台网络建设、与银行机构务实合作、地方创新实践等四个方面实现重要突破。上海"信易贷"平台"技术+模式"双轮驱动服务实体经济高质量发展的实践为全国"信易贷"的创新实践提供了上海样板,为金融高质量发展注入了上海活力。下一步,上海"信易贷"将继续在国家指导和兄弟省市支持下,推进技术迭代,完善服务模式,丰富应用场景,建立安全机制,深化长三角数据模型研究实验室建设,努力将上海"信易贷"打造成为上海国际金融中心重要基础设施和数据要素配套枢纽,更好为金融高质量发展添砖加瓦。

第二节 浙江:"数据和应用"双重视角推进社会信用体系数字化

社会信用体系是多部门、多领域、多层级协同推进的系统工程,在公共治理、市场改革和社会建设中地位独特、使命重大、任重道远。越系统的工程，就越需要制度的配套、互补与协同；越重要的使命，就越需要总结经验规划路径；越重要的任务，就越需要因地制宜、与时俱进。浙江省社会信用体系以数字化为抓手，从数据和应用双重视角，为全国层面探索社会信用体系数字化提供了借鉴。

一、社会信用体系数字化的必要性

社会信用体系是包括多元信用制度的系统工程，不同信用制度之间可能是互补的，能够增强彼此的功能，而有些制度之间则可能是替代的，导致制度的挤出效应。为更好地处理社会信用体系涉及的主体、制度与应用等问题，需要通过数字化手段才能从整体视域进行全面理解与把握。

一是系统性问题。社会信用体系既要重视信用分级分类监管、信用联合奖惩等政府手段，又要重视"信易贷"（全国中小企业融资综合信用服务平台）、信用服务业发展等市场手段与信用承诺、信用信息披露等社会手段，强调政府、市场和社会三种机制作用的融合性。社会信用体系数字化涵盖数据归集、模型构建、场景应用及制度保障等环节，通过数据链和业务链交互迭代推进监管流程重构和优化。从数据链看，数据归集形成信用指标体系、数据加工形成信用评价体系、数据应用形成信用监管奖惩体系，覆盖信用数据流转的全流程并形成数据闭环；从业务链看，事前信用承诺、事中信用监管、事后联合奖惩及信用修复，总体包括公共治理全流程形成应用闭环，实现数据共享和业务协同的互推共进。

二是替代性问题。信用评价制度与红黑名单制度之间具有一定的替代性，两者针对的对象和发挥的作用一致，但是在不同阶段两者承担的角色发生变化。在社会信用体系建设早期，信用"红黑名单"管理制度对褒扬诚信惩戒失信具有重要意义，但是在信用体系高质量发展阶段，社会对信用应用的精细化、多样化、智能化需求提高，相较于传统红黑名单制度，更有区分度的信用评价制度逐渐受到重视。实际上，信用承诺、分级分类监管、信用联合奖惩均是社会信用体系具体应用的不同方式，这三者具有一定的替代性，但是由于不同信用应用方式对经济社会影响的力度存在差异，在信用数字化实践中要根据制度建设的完备程度和社会需求情况择优选择。

三是互补性问题。社会信用体系互补性问题包括信用激励、约束之间互补性、信用制度与法治条件、道德规范之间互补性、市场与政府之间功能互补性等。从信用体系数字化实践看,信用归集、信用修复、信贷制度与信用评价、红黑名单等数据管理制度和分级分类监管、联合奖惩、信用承诺等数据应用制度的关系均为互补性,说明这三种制度在社会信用体系建设中的重要性。信用文化与关联制度具有高度互补性,体现出信用文化对社会信用体系具有基础支撑作用。信用数据管理制度、数据应用制度与其他制度高度互补,启示社会信用体系建设并非单一制度的独角戏,而是数据与应用及关联制度的大合唱,必须在实践中不断协同匹配。事实上,对于互补性的信用制度,要在实际工作中强调系统推进,互补性越强的制度对推进社会信用体系建设的价值越高,理应排入优先序列。

四是动态性问题。由于社会信用体系系列制度适应环境的能力不同,不同信用制度的实施顺序至关重要。因此社会信用体系数字化要综合不同时期发展目标、重点和条件,结合不同信用制度特征进行权衡选择并加以妥善运用。对于信用分级分类监管制度、信用联合奖惩制度和信用承诺制度等具有一定替代性的制度,要根据信用监管的阶段性特征比较选取。对于制度建设尚不完善的部门或地区,优先考虑使用实施阻力较小的信用承诺制度;在信用建设深化期,为回应社会提升监管效能需求,选择在基础较为扎实的政务领域使用信用分级分类监管制度;在信用制度逐渐体系化之后,在法治框架下使用信用联合奖惩制度,更好发挥制度的失信约束和守信激励效应。

二、浙江省社会信用体系数字化的实践经验

相对于静态、强制性、见效速度快的管制手段和动态、选择性、见效速度慢的经济手段,社会信用体系具有动态、权衡性、见效速度较快等典型特征。浙江省社会信用体系数字化的思路是以信用评价为基础对监管客体建立正负清单,系统集成推进精准化、差异化和动态化监管,构建形成管制手段、经济手段和信用手段相结合的社会信用体系格局。

一是"政府主导、企业主体、公众参与"的多主体协同。浙江省社会信用体系

奠基阶段主要以个人、企业和政府信用建设为主，个人是基础，企业是重点，政府是关键，三者信用同步推进，互相支撑，相互促进。在"信用浙江"深化期，在信用"531X"工程设计下，事业单位和社会组织开始纳入信用体系，这充分体现了"信用浙江"建设多主体协同的特征。以定期更新的公共信用信息目录为依据归集数据，基于数据开展五类主体公共信用评价，并将评价结果运用于合规事项中以进一步提升公共治理的精准性，提升社会诚信环境。

二是"科技创新、制度创新、治理创新"的系统性创新。信用"531X"工程指导下的公共信用指标体系、信用综合监管责任体系、公共信用评价及信用联合奖惩体系是"信用浙江"建设的主要理论遵循，充分体现了浙江省信用建设"科技、制度、治理"系统性创新思维。首先，公共信用指标体系构建的基础是全省统一的公共信用信息目录，根据统分结合原则，不同信用主体设置了不同的信用评价指标，并按需动态迭代更新。其次，信用综合监管责任体系涉及信用信息共享、监管措施匹配、应用结果回流等业务流程，既是单一部门业务流程的重塑，又是多部门的协同互认。最后，公共信用指标体系、信用综合监管责任体系、公共信用评价及信用联合奖惩体系要落实到工作中，必须基于多层次的制度引领及约束。

三是"总体谋划、分步实施、因地制宜"的差异化实践。作为"信用浙江"建设牵头部门，浙江省发展改革委负责建设省公共信用信息平台和建立公共信用评价，通过出台系列制度规范全省信用应用领域、方式及步骤，并对可能出现的信用泛化奖惩过度等状况进行及时矫正。在五类主体公共信用评价建立之后，省级部门开始实施行业信用监管，如省市场监管局建成企业信用预警平台，省级行业管理建成行业信用评价模块，宁波保税区跨境电商、宁波海关、温州医保、绍兴医保等领域陆续推进了信用监管场景应用，贯通"互联网＋监管"平台，实现各部门监管与信用实时关联，基本构建了"通用＋专业"精准监管机制。这体现了"信用浙江"建设的分步实施理念。浙江省基于省公共信用信息平台，建成高效协同的技术闭环，为各地各部门根据实际灵活开展信用应用提供多元化支撑。在已公布的三批社会信用体系建设示范区名单中，独占10席，如杭州提出打造"最讲信用的城市"，温州连续21年举办"'8·8'诚信日"活动，丽水在全国率先构建

"生态信用"品牌。

四是"试点探路、经验总结、模式推广"的稳健式实践。信用"531X"工程中"X"即推进信用体系在若干重点领域创新应用,这表明"信用浙江"建设并非齐步走,而是在不同领域应用上有快有慢,首先聚力重点领域取得突破,再通过示范案例总结经验,进而形成模式逐步推广。如行业信用精准监管工作,在省发展改革委、省科技厅、省自然资源厅、省生态环境厅、省建设厅、省交通运输厅、省文化和旅游厅、省市场监管局等8个部门12个领域先行试点,"信用修复一件事"率先在生态环境、交通运输、公安等领域探路,"信用+社会治理"试点在全省遴选衢江区、遂昌县下辖乡村、义乌中国小商品城等13个基层场景。在试点探路取得一定成效之后,及时总结经验形成可复制、可推广、可借鉴的模式,再通过长三角区域信用体系专题组例会、省年度信用工作务虚会、省信用数字化改革应用场景观摩活动、省信用平台网站观摩会等平台,借助省内外各级媒体跟进报道宣传,通过试点地区的做法示范和经验引领,推动省域信用建设水平再提升。

三、浙江省社会信用体系数字化的完善路径

浙江省仍然处于市场化改革和数字化改革的深化期,社会信用体系的作用不容忽视,但建设困难不能轻视,省域治理现代化的信用基础需要夯实;信用市场化应用仍处于制度完善期,信用服务市场发展仍有潜力。因此,别无选择的强制性信用制度是前提,权衡利弊的选择性信用制度是重点,道德教化的引导性信用制度是补充。"信用浙江"要努力开拓三种制度相互衔接、相互呼应、相互促进的制度建设路径。

第一条路径是完善制度,推动政府有为。

一是分级分类监管。作为社会信用体系建设的核心,分级分类是政府对市场开展信用监管的前置条件。信用分级分类监管长效机制的建立,既要完善法律规范,明确信用监管法律地位和实施流程,又要破除传统监管惯性,构建机制运行的自我实施路径,明晰企业信用监测和记录义务,激励监督、主动披露和纠正失信行为。以整体智治、集成治理为目标,健全信用联合监管制度,明确信用分级分类的行为主体、具体办法和实施程序,对不同分级分类结果对应的信用监

管措施优化匹配。

二是信用执法。作为新型执法手段,信用执法与传统执法、"双随机、一公开"执法等具有较强的兼容性,具有监管动态、工具多样和多主体参与的典型特征。从执法主体、执法对象和社会监督等方面完善信用执法机制。一是以提升监测水平、落实信用执法责任和健全部门联动机制为重点,强化执法主体的信用执法能力。二是根据多维政策目标,权衡使用"双随机、一公开"信用协同、行政指导和行政奖励等手段,以全过程信用监管提高执法对象的选择性、能动性和参与性。三是注重发挥社会机制作用,健全执法信息公开公示、听证诉讼等制度,完善失信执法的公众参与和舆论监督机制。

三是信用联合奖惩。基于审慎适度和"过惩相当"原则,合理界定社会信用体系建设的边界,健全信用红黑名单管理机制和失信约束惩戒机制,依法建章立制和实施信用联合奖惩。针对重点监管对象的不同特征要求,探索不同维度信用评估体系和全流程动态监管体系,为高质量发展建设共同富裕示范区创设优质政务环境。

第二条路径是深化制度,促进市场效用。

一是信用监测归集。作为获取信息的手段,信用监测是信用监管制度建设的基础工程,也是判断制度成效的直观手段。"信用浙江"监测归集体系逐渐完善,但是区域协同不够、技术支撑不足、外部监督欠缺等问题短期难以突破。"信用浙江"建设要健全条块结合的行政监测体制,明确垂直领导下区域有效协同的制衡格局,明确信用监测归集的主客体、实施流程、工具、质量及制度依据等。

二是信用统计管理。信用统计管理是社会信用体系的必要环节,直接影响信用信息的准确性及后续信用监管的精准性。针对信用统计横纵向不平衡、统计主体不协调、统计口径不一致等突出问题,要注重部门间协同配合,将信用数据纳入统计目录范围进行统一管理,为信用分级分类、信用执法和信用承诺等后续流程夯实基础。运用先进的信息技术,统筹推进信用数据的自动归集、评价和应用,完善信用监管系统的功能设计,开展全量和专项数据监测、分析与预警;注重数据的安全防护,强化信用主体的权益保护。

三是信用集成应用。加强省公共信用信息平台与省金融综合服务平台、全国"信易贷"平台衔接,推进公共信用数据与融资信贷、商业交易等市场化数据融合互补。有步骤、有重点、有层次地推进"信用大脑"建设,以人工智能发挥公共信用数据应有价值,系统集成多维数据,拓宽实体经济的金融获取途径。基于不同信用企业的分类、分层和分系统协同监管,拓展信用在市场领域应用的广度和深度。

第三条路径是重视制度,强调社会参与。

一是信用公示。作为公共品,信息在纯市场机制下一般难以达到最优水平,在社会信用体系安排中需要同时解决信息传递、过滤和整合这三方面协调问题。信息公示是社会信用体系的重要环节和发挥作用的主渠道。考虑到区域异质性,横向部门公示、纵向系统公示和时序全程公示相结合是信用公示体系建设的重点,既有各具特色的独立模式、区域统一的规范模式,又有多种机制协同的有分有合模式。信用公示要依法依规、有序有力,既要协调完善不同部门公示制度,又要明确公示平台、公示信息类型,还要加强队伍建设,注重数据隐私和权益保护。由于涉及多元主体,在长效机制构建层次、政策制定层次和政策执行层次,既要分系统推进,又要多系统协同。

二是信用承诺。针对承诺事项不清晰、承诺流程不规范、承诺监管不到位等挑战,加强法律法规体系建设,重视"信用承诺"这一特殊标的可能问题的预判及对应处置方案,强化信用风险防控;加强信用承诺的全流程记录,明确各环节责任主体,加强承诺信息披露,以政府监管、企业主动和社会参与推动信用承诺机制持续深化。

三是信用治理。以信用深化社会治理的重要前提是巩固完善基层信用治理的长效制度,坚持"自治、法治、德治、智治"四治立信,有重点有步骤地将社会信用体系建设与基层有效治理嫁接起来,找准"信用浙江"与社会治理的有效结合点。构建自主承诺、社会监督、政府监管的基层信用治理机制,根据不同基层载体因地制宜制定差异化信用治理措施。通过媒体宣传、现场观摩等多渠道、多路径、全方位、立体化展示全省各地各部门信用治理成功经验、典型做法,为全国推进社会信用体系建设高质量发展促进共同富裕贡献"浙江智慧"。

第三节　江苏：征信赋能普惠金融高质量发展

为推动全省企业信用体系发展，破解中小微企业融资难题，经江苏省政府批准，江苏省联合征信有限公司（以下简称"省联合征信公司"）应运而生。作为省属企业中唯一以数据要素为核心资源、数字技术为核心引擎的金融科技公司，省联合征信公司勇扛国企担当，在建设运营江苏普惠金融基础设施、以市场化手段推动信用赋能高质量发展等方面发挥积极作用。

一、聚焦普惠金融场景拓展，强化基础平台建设，服务实体经济显成效

（一）强化基础平台建设，普惠金融服务纵深拓展

在省发展改革委的支持与指导下，省联合征信公司自成立起一直致力融资信用服务工作的推进。为贯彻落实江苏省委、省政府加强社会信用体系建设、促进中小微企业融资的决策部署，根据《省政府办公厅关于印发江苏省加强信用信息共享应用促进中小微企业融资若干措施的通知》（苏政办发〔2022〕59号）文件精神，省联合征信公司建设并持续优化江苏省融资信用服务平台，成功接入全国融资信用服务平台江苏省级节点，与金融机构在数据查询、联合建模、产品研发、贷款风险管理等方面开展深度合作，实现全省企业信用数据、金融产品数据、融资成效数据的一站式服务。在中国人民银行江苏省分行等部门指导下，省联合征信公司聚焦普惠金融"一网通"工程，重点打造省征信平台和省金服平台两大普惠金融基础设施，坚持线上线下并举，持续拓宽普惠金融服务场景。

江苏省综合金融服务平台面向中小微企业和金融机构，设立了贷款、担保、保险、融资租赁、转贷、保理等服务板块，整合融资需求、金融产品、政策支持，叠加省征信平台的征信服务，减少银企信息不对称，挖掘企业的信用价值，"一站式"将金融资源链接到广大中小微企业。

深耕普惠金融,惠及百万中小微企业。截至2023年12月底,省综合金融服务平台(简称"省金服平台")注册用户超174万户,入驻金融机构449家,发布金融产品3 043项,累计撮合融资授信超4万亿元,支持中小微企业超37.89万户,其中首次获得贷款企业12.47万户,占比约32.9%。省金服平台入选2023年度省级中小企业公共服务示范平台。

践行绿色金融,赋能绿色低碳转型。为深入贯彻《省政府办公厅转发人民银行南京分行等部门关于大力发展绿色金融指导意见的通知》(苏政办发〔2021〕80号)文件要求,配合人民银行南京分行和江苏省地方金融管理局,为江苏省绿色金融综合服务平台(简称"省绿金平台")提供绿色评定、信息披露等核心服务。省绿金平台目前已上线绿色金融产品173项,引入央行再贷款支持的"苏碳融"、江苏省普惠金融发展风险补偿基金支持的"环保贷"、江苏省财政厅和江苏省生态环境厅支持的"环保担"等政策性产品,已入库绿色项目1 766个,满足绿色融资需求99.03亿元。在中国人民银行江苏省分行等部门指导下,省联合征信公司主编的《江苏省绿色融资主体认定评价标准》正式发布实施,并依托省绿金平台加快标准落地实施。

落实养老金融,提升金融服务养老质效。在省融资信用服务平台上线普惠养老专项再贷款产品专区,截至2023年底已上线8款普惠养老专项再贷款专属产品,累计入库普惠养老机构88家,其中11家普惠养老机构获得银行授信14 629万元。

(二)发挥政策牵引作用,特色平台功能持续释放

江苏省政府2022年、2023年一号文件均要求进一步充分发挥省征信平台和省金服平台两大平台作用,提升普惠金融服务能力。依托省金服平台,江苏省联合征信重点为江苏省发展改革委、江苏省地方金融监管局、江苏省财政厅、江苏省政务办以及中国人民银行江苏省分行等开发建设并运营20余个普惠政策性平台及系统。其中,协助省财政厅开发的省普惠金融发展风险补偿基金服务平台累计帮助6.09万个主体获得政策性普惠贷款超3 400亿元,发挥财政资金撬动效应,已成为支持中小微企业发展的主要平台。依托省金服平台,建设上线"信用类贷款专版",已成功撮合融资4 016亿元,支持企业6.39万家。为中国

人民银行江苏省分行开发的央行资金前置审核系统持续发挥效用,提升再贷款前置审核效率、降低审核风险,加速全国的央行再贷款资金流入江苏省。截至2023年12月底,该系统已累计为128家银行的35.81万笔共5810亿元的再贷款资金申请业务提供了70.3万次前置审核服务。

为深入贯彻党的二十大精神,进一步增强普惠金融服务效能,搭建专业便捷的银企对接桥梁,拓宽市场主体融资渠道,创设推出普惠金融服务品牌"苏易融",集惠企政策解读、产品汇编展示、融资需求申请、银企精准对接、综合金融服务等功能于一体。

在人民银行南京分行指导下,省联合征信公司与丰县公共数据中心、中国银行徐州分行合作建设的基于"大数据技术的涉农信贷金融服务平台"于2021年入选人民银行南京分行"江苏省金融科技赋能乡村振兴示范工程"。该平台基于大数据技术研发精准授信模型,支撑金融机构线上化一站式为丰县农业经营主体提供融资服务,全面提升农村普惠金融服务的覆盖面、可得性和满意度。截至2023年底,平台注册农业经营主体1585家,累计解决主体融资金额2500万余元。

(三)强化数据赋能作用,融资信用服务水平不断提升

为贯彻落实江苏省委、省政府加强社会信用体系建设、促进中小微企业融资的决策部署,加大江苏省融资信用服务实体经济的工作力度,根据《省政府办公厅关于印发江苏省加强信用信息共享应用促进中小微企业融资若干措施的通知》(苏政办发〔2022〕59号)文件精神,省联合征信公司建设并持续优化江苏省融资信用服务平台,成功接入全国融资信用服务平台江苏省级节点,与金融机构在数据查询、联合建模、产品研发、贷款风险管理等方面开展深度合作,实现全省企业信用数据、金融产品数据、融资成效数据的一站式服务。截至2023年底,省融资信用服务平台累计发放贷款19716.88亿元,其中信用贷款5978.08亿元,并于2021年、2022年连续两年获评国家信用信息中心授予的"全国中小企业融资综合信用服务示范平台"称号,2023年获国家发展改革委、国家公共信用信息中心举办的全国信用建设成果现场观摩评比活动第一名,获评"2023年度全国信用建设成果观摩会省级组示范单位"。

二、聚焦征信体系构建,强化征信服务能力,赋能高质量发展见实招

(一)加快征信服务体系构建,助力全省信用体系建设

省联合征信公司开发的省企业征信服务平台入选2023数字江苏建设优秀实践成果、2023智慧江苏十大标志性工程和重点工程。平台覆盖全省1 400多万个市场主体,以金融服务和商业交易为应用场景,着力推广"征信+"服务,帮助发挥政策性资金杠杆效应,助力防范金融风险,并与盐城市中小企业融资担保有限公司、盐城农商银行联合建模,基于盐城市地方征信平台的企业征信数据及技术优势,共同设计推出了符合盐城本地特色的"盐信担"信贷产品。发挥省市共建优势,建设上线扬州市地方征信平台,融合省市优质政策、数据、金融资源,助力地市级特色征信服务体系构建。截至2023年12月底,省级征信平台征信服务累计调用接口超6 214万次;当年调用5 952万次,其中金融机构调用约4 551万次。积极参加长三角征信链,征信报告实时上链共享,覆盖全省全量在业工商企业超443万户,58家金融机构通过公司节点接入,累计开通了423个查询用户,查询10.361 1万次。

省联合征信公司坚持立足普惠金融、面向市场,集中优势资源加快数据价值挖掘,并应用在征信产品中。通过对原始数据进行加工整理,其构建了一系列标准化的指标,并结合业务场景,创新开发征信数据模型,打造了一系列的征信产品,包括"苏企查""优企搜""苏信码""苏信分"等产品,为省金服平台及全省50多家金融机构提供服务。截至2023年12月底,征信产品通过省金服平台累计帮助6.13万户企业获得征信支持类融资约4 876.9亿元。此外,2023年省联合征信公司围绕绿色金融业务,推出绿色金融工具,提供在线制作环境信息披露报告、进行碳核算及环境效益测算;围绕金融支持科技创新、稳岗就业等政策要求,打造政策型特色金融产品,包括"苏科贷""苏知贷""苏岗贷""苏质贷"等。其中"苏岗贷"是全国首个就业金融服务产品,具有准入门槛低、审批速度快、融资成本低等特点。

(二)完善企业信用数据归集,夯实高效征信服务基石

在中国人民银行江苏省分行等部门的大力支持下,省联合征信公司建立起

同各个省级政府部门的数据共享机制，积极推进与省大数据中心等单位的合作沟通，扩大与省级部门数据共享范围，与盐城市信用办、扬州市信用办等地区的特色信用数据实现对接，截至目前，累计归集工商类、经营类、司法类、资产类等8类涉企数据，共计5 903项12.2亿条，覆盖全省1 400多万个在业市场主体。与此同时，省联合征信公司加快建设企业授权服务与管理系统，2023年通过该系统实现60万户新增授权企业，目前总授权企业达115万家。

（三）推进征信服务市场化，紧扣个性化征信需求

省联合征信公司围绕金融机构、核心企业和政府机构等关键客户的场景需求，有针对性地定制化产品和服务，市场化发挥数据作为核心生产要素的商业价值。该公司与江苏省农村信用社联合社签署战略合作协议，开展模型共建、数据治理应用合作，探索"农商行＋征信"的综合服务新模式。同时，针对不同地区、不同法人机构的个性需求，有针对性地推出征信产品及建模服务，与部分农商行及融资担保机构联合建立信贷模型，实现小微企业融资申请、审批、授信、放款等全流程线上一体化普惠获贷，落实江苏省政府关于"信用信息共享应用促进中小微企业融资"要求。省联合征信公司还充分利用数字化能力赋能国有企业数字化转型，结合核心企业客户需求，定制专项企业信用审查报告，开发企业风险防控体系。此外，该公司以市场化方式参与数字政府项目建设，参与江苏省科技厅"省科创企业征信服务"、扬州市企业征信服务平台等多个项目。

三、聚焦科技创新探索实践，强化创新能力提升，价值挖掘出成果

（一）强化数字科技创新引领，积极推进科技金融研究

省联合征信公司坚持把创新作为引领发展的第一动力，扎实推进数字科技在金融领域的创新研究应用，积极部署开展科技金融相关工作，加强对省数字金融工程研究中心建设，努力打造数字经济发展的新样板、新标杆。

1. 打造省级数字经济创新示范标杆

江苏省数字金融工程研究中心以《江苏省"十四五"金融发展规划》《江苏省数字金融建设实施方案》为指引，对工程研究中心建设工作进行顶层规划。该中心聚焦云计算、大数据、人工智能、区块链等数字经济领域的共性技术，开展关键

技术研发攻关;联合国内数字经济领域一流高校,搭建产学研合作平台;挖掘数据要素价值,服务数字政府建设需求;调研省属国企数字化转型诉求,打造国资国企数字化转型标杆;聚焦数字金融场景,赋能金融机构数字化转型。该中心正式获批后,省联合征信公司立即成立筹备小组,制定完善《工程研究中心管理办法》。

2. 研发数字金融核心技术

省联合征信公司始终重视包括数据资产价值、数据处理应用经验、技术创新能力、平台生态体系以及科技人才团队等在内的核心价值的不断积累。公司与南京大学、南京财经大学联合申报的省级工信厅产业转型升级专项资金项目"企业信用信息存证与智能计算公共服务平台"已完成项目任务的建设,各项核心技术指标经江苏省软件测评中心测试验证通过。

3. 承担金融科技监管试点工作

由省联合征信公司和南京数字金融产业研究院、农业银行南京分行三方共同搭建的区块链辅助风控平台,已进入人民银行江苏省分行创新监管沙盒。截至目前,该平台已接入4个区块链节点,企业准入245家,累计授信47户,授信金额达4 400万元。省联合征信公司累计获得35项软件著作权证书;完成24项专利申请,其中2项专利已获授权。

(二)重视数据价值积累,探索数据要素价值变现路径

省联合征信公司在江苏省工信厅等部门指导下,作为江苏唯一单位参与数据资产评估标准应用试点,对部分数据资产开展质量和价值评估,体现了高科技大数据公司的独特价值。"数据治理助力全省普惠金融高质量发展"案例成功入选江苏省DCMM贯标优秀实践案例;"面向企业征信服务的数据管理能力提升项目"入选2023年江苏省大数据产业发展试点示范项目。2023年9月,该公司以相关数据资产成功获得交通银行江苏省分行数据资产质押融资1 200万元,这是目前江苏省内最高额度的数据资产质押贷款,实现数据资产评估、确权登记、质押融资全流程业务落地,打通了数据要素价值变现路径,是数据要素价值释放的一次有益探索,为更多企业以数据资产获取融资提供了经验和启示,为进一步探索数据资产市场化应用路径打下基础。

四、聚焦信用服务生态圈打造，提升信用服务专业度，助力信用行业发展做表率

（一）推进信用服务生态圈建设，助力社会信用体系发展

作为省级唯一的信用服务机构和省融资信用服务平台的建设方，省联合征信公司发挥省属国企在社会信用体系建设和信用行业领域示范带头作用，聚焦信用行业发展，发挥自身优势，搭建合作平台，协调多方资源，建设信用服务生态圈"1+N"服务网络。该公司实现以核心机构发挥主导作用，制定统一的服务标准和流程，搭建合作平台，协调各方资源；合作机构积极参与，发挥自身专业优势和资源优势，共同推动信用服务生态圈建设和发展的服务模式。通过服务网络，各信用服务机构可实现更快速便捷的沟通、市场主体可获得更全面通畅的服务，确保了信用服务行业的高效运转，也为普惠金融的可持续发展树立了一个可行的范例，为社会经济创造了更加公平、高效和可持续的金融环境。

（二）参与信用行业建设，助力信用行业规范发展

省联合征信公司积极参与省发展改革委社会信用体系建设研究，与江苏省战略与发展研究中心共同完成江苏省中小微企业信用评价指标体系研究课题，并牵头完成江苏省获贷企业经营风险监测体系研究课题；积极参与各项政策法规的调研并结合行业实际情况给予建议反馈。

为贯彻落实《江苏省信用服务机构监督管理办法》（江苏省人民政府令第183号）提出的信用服务行业组织应当依照法律法规和章程规定，加强行业自律管理等文件要求，省联合征信公司全力推动省级信用行业协会组建，以行业协会为中枢，参与推进各地信用体系建设和信用服务机构规范工作。省联合征信公司通过整合多方资源，加强核心机构与合作机构之间的信息交流与共享，助力主管部门实施行业监管，推动制定信用服务行业规范、技术规范和服务标准，编制、发布行业发展报告。省联合征信公司提升了行业自律水平，为主管部门统筹监管提供了有效抓手。

（三）加强信用人才培养，助力信用行业人才支撑

为满足我省社会信用体系建设高质量发展的需要，持续推进信用人才培养，

省联合征信公司于2020年7月获批江苏省职业技能等级认定备案资质,成为唯一面向全省的"信用管理师"职业技能等级培训单位、企业自主评价机构和社会评价机构。公司秉承擦亮江苏金字招牌、与合作方共赢合作的发展理念,在省发展改革委和省职业技能鉴定中心的大力支持下,多维度、多角度、与时俱进探索信用管理师考培发展之路。从招生条件更新、培训方式更新(线上线下相结合)、证书应用场景拓展等方向充分调动各方积极性,全力推进信用管理职业人才培养稳步发展。截至2023年12月,信用管理师培训考试已实现全省13个设区市全覆盖,累计组织47个培训班,其中信用管理师三级培训班40个,信用管理师二级培训班7个;累计培训学员3 339人,其中三级学员3 054人,二级学员285人;累计组织评价考试9次,取证人数累计2 460人,其中三级学员2 199人,二级学员261人,综合通过率约73.67%。

省联合征信公司通过持续推动信用管理师考培工作,大力推进各设区市信用管理职业人才队伍建设,为江苏省社会信用体系建设扩面提质提供强有力的人才保障,为信用服务生态圈建设提供人才基础。

下一步,省联合征信公司将继续协助主管部门提高信用服务行业整体竞争力,构建与社会信用体系相适应的市场监管新机制,打造共建共治共享的社会治理格局。省联合征信公司将继续深挖数据要素价值,在金融服务场景中持续深耕数智能力,充分利用数据要素资源和数字技术构建征信体系,探索实践科技创新,赋能普惠金融高质量发展。

第四节 安徽:信用赋能金融创新

在市场经济高速发展的当下,中小微企业作为社会经济中最为活跃的因素,长期在创造就业、活跃市场、增加税收、保持社会稳定等方面发挥重要作用。但就企业自身发展来看,中小微型企业普遍受困于融资能力较差、抗风险能力较弱等问题,难以保证企业稳定经营发展,为市场经济发展持续供血。

为缓解中小微企业融资发展难题,安徽省委、省政府高位谋划、顶格推进,深化"全省一平台"意识，构建"信息一站汇聚、业务一网通办、信用一点触达"的金融服务生态，推动安徽省综合金融服务平台实现高质量发展。

2022年初，安徽省委、省政府正式批准建设安徽省综合金融服务平台，成立平台建设指挥部，由分管省长担任指挥长，人民银行安徽省分行、省地方金融监管局、省数据资源局、国家金融监督管理总局安徽监管局、省发展改革委等省有关部门为指挥部成员单位，实行"重点工作一季一调度，项目进展一月一跟踪，困难堵点一周一摸排"，顶格推进项目建设。信用服务机构积极参与多方联合发力，截至2023年12月底，省综合金融服务平台注册用户达249.7万户，在全国同类型平台中排第3位；累计服务融资金额6.43万亿元，在全国同类型平台中排第2位；平台48小时融资服务响应率连续6个月100%。

一、数据赋能金融支撑生态

一是数字资源高度汇聚。截至2023年12月底，省综合金融服务平台完成省级45个厅局单位数据对接工作，收录工商、人社、税务、公积金、不动产、电力等63个大类、435个子类、1 200项数据资源；采集超60亿条企业信用信息数据；共有9个厅局部门参与到平台建设工作中，在平台发布政策4 779项，设立专区11个。

二是金融服务广泛集成。截至2023年12月底，入驻金融类金融机构1 161家，发布金融产品3 064项，平台累计登录数突破427.59万次，日均访问次数超12.96万次，其中日均征信服务次数达12.08万次，日均业务申请达3 085.21次，累计撮合业务225.89万笔。

三是金融系统高度协同。在政务服务侧，完成"三端工程"、市场主体注册登记系统、抵押登记设立等系统对接；在机构服务侧，完成全省28家银行机构系统的专线直连，加速推动与省担保集团的业务系统对接；在征信赋能侧，集成23款征信产品，覆盖"获客"和"风控"两个方向，构建集"贷前审批、贷中审核、贷后预警"于一体的产品谱系，依托平台"创新服务实验室"，加速推动定制化征信服务构建，推进"全连接"支撑能力构建。

二、数据赋能金融服务生态

一是树立"融小易"品牌。省综合金融服务平台在开展"新春访万企系列直播活动"之际,启动"融小易"品牌建设,以"五进数字化"工程为抓手,"融小易金融顾问"为支撑,建立"线上直播＋线下走访"相结合的立体宣导机制,构建"普惠金融"生态。累计共有1 479万人次在线观看平台直播,292.23万家企业完成线下走访,直接转化用户注册183.69万户。

二是打造"驾驶舱"功能。2023年10月,平台上线"企业驾驶舱",为广大市场主体打造个性化数字金融空间,将传统的"被动服务"变为"主动触达",持续提升服务的及时性与精准性,帮助用户在海量金融资源库内"找准政策,找好产品,找到服务",相较于平台的整体授信率,"驾驶舱"渠道的授信率高12个百分点。

三是创新"金融码"模式。数字金融生态的持续完善有效提升了线上贷款办理效率,但线下贷款"办理难、办理慢"的问题依然存在。平台创新"金融码"模式,构建"便捷金融"生态。试点机构线下贷款的平均办理时间从40分钟缩短到5分钟,大幅提升办理效率。首贷服务方面,落实"一个专区建设,一个模式创新"。首贷专区上架"皖美贷"系列产品266个,服务主体8 927户,授信150.95亿元,已完成9个地市的首贷专区集成。

四是完善"信用评"体系。在满足用户融资需求基础上,平台持续强化评价体系建设,配套完善培育机制。以企业历史数据为基础,构建面向企业"皖融分""皖晓分""皖易分""皖美分",加速推进"高成长、科技型、规范化"市场主体培育工程,构建"数字金融"生态。累计完成超2 941家高成长型企业,20 924户科技型企业,41户七星规范主体的筛选入库。

三、数据赋能金融协同生态

一是深化省市平台协同。落实金融大脑规划要求,持续推进省市两级平台融合协同,按照"标准省级统一、用户省级统管、服务省级统聚、能力省级统建"的实施目标,加速推进"1＋16"线上服务体系的快速构建,持续推进铜陵、宿州、安庆等8个地市平台的一体化开发建设工作,打通省内各市级综合金融服务平台与省综合金融服务平台系统对接通道,有效集成省市平台数据资源及场景应用,实现市场主体"一点登录,全省漫游",金融产品"一站发布,全域投放",金融业务"一地办理,全网跟踪",金融能力"一次构建,全省适用"。

二是强化厅局服务协同。以"管行业管融资"为切入点,加速推进白名单服务流程优化,建立"行业主管部门初筛,大数据模型审核,金融机构服务,平台成效跟踪"的闭环机制。深化"政府搭台,厅局唱戏"的专区建设思路,引导惠企政策入驻、特色产品投放,逐步完善细分场景的服务构建。截至2023年底,普惠专区累计放款3 891.34亿元,科技专区累计放款1 650.20亿元。

三是推进政策兑付协同。持续优化升级省综合金融服务平台智能政策专区,丰富政策标签,完善政策搜索引擎,增加政策标签管理功能,对存量政策原文、政策解析进行标签标记工作,累计完成收录惠企政策4 780条,其中深度解析447条。围绕"免申即享"的服务目标,推进数字审核服务流程构建。完成"科技风险补偿政策"和"普惠金融风险补偿政策"的数字化改造,合计服务市场主体363 197户,覆盖授信规模8 057.68亿元,涉及信贷业务共计790 810笔。

四、信用赋能金融服务创新

2020年以来,安徽征信按照中国人民银行、省地方金融监管局、中国人民银行安徽省分行关于"长三角征信一体化"工作部署及要求,积极推进长三角征信链平台在安徽地区的应用推广工作,首个实现辖内企业全覆盖和提供信用报告实时查询。2021年底安徽征信又首个实现长三角征信链平台与金融机构业务系统完成API接口对接,取得积极成效。

自2020年推广初期至今,"长三角征信链"推广应用工作快速发展。截至2023年12月底,全省已开通共146家商业银行机构账号(包括农商行),4 049个征信链用户账号,信用报告累计查询量超63万笔,依托征信链平台累计放贷户数95 290户,累计放贷金额9 484亿元,户均995万元,有效服务中小企业,助力实体经济发展。

1. 先行先试,快速启动上链模式。2021年一季度长三角征信链机构联盟会议结束后,中国人民银行安徽省分行与安徽征信第一时间成立联合调研组,集中对本地法人金融机构、国有大行及部分股份制银行开展调研、走访及平台宣讲工作,提高金融机构对长三角征信链的认识,推动金融机构入驻征信链平台,一对一指导金融机构开通账号和系统操作,用时近一个月时间,长三角征信链顺利在试点金融机构上链。

2. 科技赋能,推动金融机构 API 接口应用。为深化"长三角征信链"平台应用,便利金融机构使用和加强合规管理,2021 年 12 月在中国人民银行安徽省分行、招商银行、安徽征信的共同努力下,招商银行合肥分行完成 API 接口系统投产,成为首个与"长三角征信链"平台实现系统对接的金融机构。"长三角征信链"平台接口系统的投产使用,进一步丰富了银行内信息维度和数据来源,使用更便捷,也加强了信息安全防控。2022 年至今,安徽征信积极推动了省联社、合肥科农行等金融机构 API 接口对接工作,下一步将持续推进。

3. 优化升级,上链创新产品,持续完善系统功能。为促进中小微企业融资发展,安徽征信研发新版企业信用报告,扩充报告数据项,优化报告内容,提高数据质量,2022 年 4 月完成了新版长三角征信链信用报告的升级改版,补充和完善了多项数据项,帮助金融机构更全面、更准确、更及时地了解企业的真实情况,有助于更好地服务中小微企业,有效解决企业融资难、融资贵等问题。为创新上链产品,安徽征信分别于 2023 年 3 月、9 月上线自研的"安信分""科创分"产品,通过分数客观地对企业违约概率、科技创新能力进行初步评价,为金融机构信贷业务提供辅助决策。为丰富征信链报告的地方数据项,中国人民银行安徽省分行、省地方金融监管局、安徽征信积极推动地市平台上链,积极落实"长三角征信一体化"工作部署。

4. 有的放矢,常态化开展调研走访。中国人民银行安徽省分行征信处、安徽征信调研组定期调研、走访省内各金融机构,及时了解长三角征信链报告的应用情况和运营过程中反馈的问题,通过调研、走访不断总结工作情况,提升平台服务能力,有效做到为民、为企办实事。

5. 营造氛围,多渠道开展平台宣传。在"长三角征信链""安徽省银行业协会""安徽征信"等微信公众号上,推出省内各金融机构"长三角征信链"应用经典案例系列报道,扩大宣传面,截至目前已发布 70 余篇宣传报道,从而让更多的机构了解长三角征信链在金融机构的应用成效,扩大平台影响力。

6. 坚守底线,切实筑牢信息安全防线。"长三角征信链"作为首个以区块链技术实现信用信息共享的平台,其网络部署在金融城域网,整体安全可控。系统正式运行2年多来,未发生信息安全泄露事件。同时,各金融机构均做到"长三角征信链"上的每笔查询均有授权,并通过区块链进行存证,确保逐笔授权均可追溯,有效加强信息主体权益保护。

第七章

信用赋能长三角市场创新案例

政府信用产品案例 1

从地方试点到制定全国首部管理措施
信用监管护航浦东"CCC免办"改革创新

2023年6月浦东发布全国首部CCC免办管理措施,这项在浦东率先实施的制度创新从最初的地方试点上升为立法项目,一路都离不开信用监管的保驾护航。

一、浦东率先试点CCC免办改革创新

质量认证是国际通行的质量管理手段和贸易便利化工具,被称为企业质量管理的"体检证"、市场经济的"信用证"、国际贸易的"通行证"。依据《中华人民共和国认证认可条例》,我国对涉及人身健康安全的产品依法实施强制性产品认证制度(简称"CCC认证制度")。而免予办理强制性产品认证工作(简称"CCC免办")是CCC认证制度的重要组成部分,是对因特殊需求和用途的CCC目录内进口产品实施的一种特殊性制度安排。

具体来说,即对维修用零部件、科研测试样品、商业展示、成套设备所需、整机全数出口以及其他特殊用途等六类情况,向市场监管部门申办CCC免办证明就可进口使用,不用申请CCC产品认证。2019年7月,浦东在全国范围内率先试点CCC免办便捷通道政策以来,先后为11家(全市19家)集成电路、汽车制造、信息技术等重点产业企业开通了"自主申报、自动发证、诚信监管"的"绿色通道",取得了较好成效。

特别值得一提的是,为有效缓解进口集成电路设备及零部件"卡脖子"难题,浦东于2020年率先开展集成电路供应链企业CCC免办便捷通道改革创新试点,上海泓明供应链有限公司成为全国首个供应链CCC免办便捷通道企业。经过三年试点,"零等待"放行进口集成电路零部件1.2万批300多万件,总货值约2.3亿元,进口集成电路零部件平均时间缩短了2天,超200家集成电路研发制造企业获益。

二、联合长三角地区开展协同监督

2023年3月,国家市场监督管理总局复函同意浦东新区人民政府提请的关于支持浦东新区试点免予办理强制性产品认证制度改革创新的请示。浦东的CCC免办制度改革创新涉及"五条措施":除支持浦东新区制定免予办理强制性认证特别管理措施外,还包括对浦东新区集成电路产业研发制造企业加大支持力度,支持浦东新区加快复制推广集成电路供应链企业试点成效,支持浦东探索免予办理强制性认证监管创新,支持浦东新区联合在长三角地区共同开展免予办理强制性认证产品的协同监督。

在国家市场监督管理总局及各省级市场监管局支持下,2022年9月,浦东市场监管局牵头组织,与杭州市、合肥市、泰州市、嘉兴市、黄山市市场监管部门共同签署了《长三角"五市一区"免予办理强制性产品认证工作合作备忘录》,同时在"制定统一的免办申请要求、建立监管信息共享和通报机制、探索便捷通道使用单位跨区互认"等方面,就开展免予办理强制性认证产品协同监管达成一系列共识。

三、CCC免办管理措施突出信用监管

2023年6月发布的《上海市浦东新区免予办理强制性产品认证若干规定》(以下简称《若干规定》),是浦东新区依托中央赋予的立法权,对标高标准国际规

则,固化前期改革试点成效,形成的全国首部CCC免办管理措施,也是2023年浦东新区人民政府制定出台的第一部管理措施。

《若干规定》第十一条(信用监管)明确规定,区市场监管局可以根据企业信用评价、产品风险评估等情况,对申请人实施分类管理和差异化监管。第四条(情况核实)要求,申请CCC免办的,申请人应当对申请材料的真实性负责,不得弄虚作假。区市场监管局可以通过资料审查、现场核查等方式对申请人、产品有关情况进行核实。区市场监管局可以委托符合条件的第三方技术机构对申报的产品是否属于CCC目录内产品进行鉴定。第五条(便捷通道)明确,申请人符合信用记录良好、追溯体系完整、CCC免办业务较为频繁等条件的,经区市场监管局认定并报请市场监管总局同意后,可以使用CCC免办便捷通道,享受自愿申报、自我承诺、自助办理的便利。

为把好CCC免办产品认证审核关,浦东新区市场监管局通过实施"线上+线下"监管模式,向相关企业实时反馈情况并督促整改。自承接免予办理强制性产品认证职能以来,共完成监管4.5万批次,并采取分类分级信用监管,按照"双随机,一公开"实施现场检查300余家(次)。此外,积极推动有条件的企业开发数字化物流信息追溯及维修服务平台。如上海泓明供应链有限公司通过试点平台建设,已实现进口CCC免办产品的全流程追溯,大大降低了行政监管成本和企业负担。

(资料来源:上海市浦东新区发展和改革委员会)

政府信用产品案例 2

"公共信用电子证照"为城市信用建设"提档加速"

2020年10月29日,上海市嘉定区正式开通试运行信用电子证照系统,发布上海市首批企业法人公共信用电子证照,配套出台文件上海市嘉定区社会信用体系建设联席会议办公室《关于推进嘉定区企业公共信用电子证照应用的指导意见(试行)》。注册在嘉定的企业通过"一网通办""随申办"App可查领公共信用电子证照,凭借公共信用综合评价等级更加高效便捷地享受公共服务,充分发挥信用赋能"放管服"改革、优化营商环境的重要作用。

一、创新推出企业法人公共信用电子证照

企业法人公共信用电子证照是将依法依规归集的企业法人信息主体的公共信用信息进行加工处理,通过信用综合评价生成公共信用等级,并以电子证照形式制发的数据电文,是对政务数据资源的有效利用和公共信用报告的电子证照化。

一是依法依规全面归集信息。按照上海市和嘉定区公共信用信息三清单目录,全面归集区内注册企业法人信息主体的基础信息、正面信息和负面信息等公共信用信息。二是进行信息加工处理。对获取的公共信用信息数据进行清洗、脱敏、结构化处理,由信用电子证照系统进行分类识别、标签化处理和失信程度厘定,特别是针对负面信用信息,由系统逐一判定各失信信息事项的严重程度。三是通过信用评价划分公共信用等级。从经营稳定性、运行合规性、风险可控性、增信附加项等维度建立综合评价模型,建立企业法人公共信用评价标准体系,并依托嘉定区信用电子证照系统,以 A+、A、A−、B、C 级五类信用等级形式呈现企业法人公共信用状况。

二、持续挖掘企业法人公共信用电子证照应用实效

（一）全覆盖评价，赋能分级分类监管

2021年以来，共完成6轮公共信用综合评价，累计覆盖企业法人138万户（次）。目前，区内共有A+级及A级企业法人占比34%。企业法人公共信用电子证照和评价结果已在评优评先、政府性资金安排、日常监管等领域中得到应用。2023年，46个部门400多个事项委托开展信用核查，例如重大项目知识产权评议、专利产业化项目申报、区优秀企业评选、区担当作为好干部评选等，覆盖日常监管、政府采购、招标投标、表彰评优、资金支持、录用晋升等8类应用领域，涉及14 250家市场主体、10 704个自然人。

（二）优化审批服务，赋能"放管服"改革

2021年7月，嘉定区发展改革委会同区审改办、区行政服务中心牵头推出"嘉定区审批服务领域企业法人公共信用电子证照应用事项清单"，并于2023年进行更新。清单对入驻行政服务中心综窗的相关职能部门在履行行政审批（许可）、公共服务职责的过程中，根据企业法人公共信用电子证照所示公共信用状况，提供以信用为基础的守信激励措施。清单涉及入驻区行政服务中心综窗的21个职能部门，包含135项应用事项情形，提供守信激励措施共计151项，其中容缺受理措施82项，绿色通道（流程压缩、时限缩减）措施31项，其他守信激励措施38项。据统计，2023年，"一网通办"查询调用信用电子证照88.51万次，市民云App调用116次，综窗审批服务事项调用40次。

（三）聚焦税务服务，赋能企业健康管理

2022年，嘉定区发展改革委与区税务局联手打造企业体检报告，加大公共信用信息与纳税信用信息共享力度，加强公共信用综合评价结果应用，通过融合企业法人公共信用电子证照等级和纳税信用等级，开展守信激励和失信惩戒。

企业在区行政服务中心"智慧税务社会共治点"智能导税屏上经过实名认证后，系统便会与金三数据库、金三接口、信用电子证照等级信息库等对接生成企业体检报告。该报告显示企业纳税信用等级、企业法人公共信用电子证照等级、享受的激励措施、发票核定信息、减税降费相关政策提示、纳税情况、申报情况、

行业指标分析等。企业体检报告将健康理念融入政务管理，着力推进政府部门间数据多维度联通，利用"守信激励、失信惩戒"的信用机制，营造"守信者路路畅通、失信者寸步难行"的社会氛围。

（四）助力金融服务，赋能实体经济发展

推动健全信用融资服务体系，依法依规推动公共信用信息在普惠金融领域的试点应用。嘉定区发展改革委与上海农商行嘉定分行合作，启动大数据金融服务（"信易贷"）试点应用工作，依托嘉定区企业法人公共信用电子证照系统开展信用数据处理和"信用＋金融服务"创新。

定制开发上海农商行嘉定支行专属版信用电子证照系统，经企业授权许可，银行工作人员可查询注册在本区农商行客户的公共信用信息，即时验证企业公共信用电子证照真伪，并进行信用风险跟踪和预警。经企业授权，已试点上海农商银行嘉定支行依托区企业法人公共信用电子证照系统，对1 000家存量企业的公共信用信息和金融信用信息进行了融合，累计预警企业69家，预警信息119条，全面的企业信用评价结果有力支撑了银行开展"信易贷"相关工作。

此外，上海农商行嘉定支行制定了信用A＋级企业专属服务方案，A＋级的企业可以享受专属团队服务、容缺审查机制、授信审批绿色通道等守信激励服务，积极探索将信用电子证照融入中小企业融资服务，解决银行与中小企业之间信息不对称问题，服务实体经济发展。

（资料来源：上海市嘉定区发展和改革委员会）

政府信用产品案例 3

信用普陀助力打响"人靠谱事办妥"品牌

近年来,普陀区进一步夯实第三批国家社会信用体系建设示范区成果,将社会信用体系建设全面融入经济社会发展大局,用信用全方位赋能区域高质量发展、高品质生活、高效能治理,"信用兴业""信用惠民""信用善治"成效不断显现,推动社会信用体系建设迈上新台阶,助力打响"人靠谱事办妥"品牌。

平台建设方面,获评国家特色性平台网站、上海市标准化平台网站;信用应用方面,2018年被国家发展改革委授予守信激励创新奖,2019年"用诚信打造有温度的社区"荣获全国优秀信用案例,2020年"首创四色物业行业信用信息预警机制"荣获上海优秀信用案例,2021年普会贷信易贷平台荣获上海信易贷示范子平台,2022年"强化信用监管激发社会组织发展活力"荣获全国优秀信用案例,2023年普会贷信易贷平台荣获上海信易贷特色子平台。

一、建机制、搭底座,夯实建设基础

普陀区坚持完善组织机制推动工作任务落地,大力优化平台功能,增强服务效能,搭牢数据底座,信用数据归集实现"质量双升",促进政府部门查信用信,夯实信用建设基础。

一是完善组织架构和工作机制。信用联席会议成员单位已扩大至49个部门,并由区政府主要领导任联席会议总召集人。每年召开联席工作会议,制定年度信用工作要点,通过要点和一系列信用制度推动信用体系建设任务落实。

二是完善区信用平台。2018年以来,不断加大财政资金投入,持续升级完善平台,优化数据核对确认、行政管理、跳号查询、数据治理等模块,提升数据归集质量,还建设了信用核实、预警中心、财政资金管理等特色功能。平台通过网络安全三级等保和商用密码应用安全性三级评估,确保系统安全、规范、可靠。

三是全量归集信用数据。运用数据治理、跳号查询、数据质量分析等技术手段,最大程度减少错报率和瞒报率。通过月度核对和绩效考核方式,提高部门重视程度,累计归集双公示等行政管理数据达14万余条,累计归集财政专项资金、许可登记领域的信用承诺信息14万余条,在"信易贷"共享数据上清洗比对归集企业社保、纳税、公积金等8类数据共68.3万余条。

四是全力推动政府部门查信用信。组织编制信用应用清单(涉及41个部门402个事项),积极在行政审批、资金扶持、表彰评优等领域开展信用信息核查,查询报告共计30万余次。

二、聚应用、求创新,助推区域高质量发展

普陀区坚持聚焦信用创新应用,用更精准的信用监管手段助力高效能治理,首创"信用联盟",创新信用修复预警提醒,不断优化营商环境,大力推动信易贷促进民营经济发展。

一是信用助力高效能治理。在市场监管领域,将"一企一档"创新监管运用在美容美发和企业公示信息上,使用全区6万家当前正在经营的企业数据,上百个数据维度的筛选,使用层次分析法(AHP)实际研究各维度因子的重要性和合理权重,完成了可实际落地应用的模型。企业经营风险评级采取"专家评分卡类"模型,依托企业基本信息、经营行为、司法行为、违法违规等方面基础数据,并基于行业特点增加了不同的特色指标设计。依据评分结果将企业信用风险从高到低分为A、B、C、D四档。在美容美发企业信用模型中,特别增加了许可信息、注册资本实缴比例、法定代表人频繁变更、企业存续时间、双随机检查结果5个特色指标并反复测试赋以合适的权重,对区内477家美容美发企业进行了信用分级分类,实现该类型企业的进一步精细化管理。

在企业年报信息抽查分级监管模型中,为更有效、更有针对性地选择抽查企业名单,除了通用指标体系中的基本登记信息、经营行为、违法违规等维度,还将企业年报中的股东股权变更登记情况、对外投资等信息与系统数据予以比对,作为年报质量的重要参考指标,同时纳入年报企业近三年列入经营异常名单移除信息、市监风险线索、市监部门抄告等特色指标,对企业年报质量进行更精准排

摸打分,为年报抽查和精准指导提供更有价值的信息。借助企业年报信息抽查分级监管模型,注重失信预防,助推年报质量在源头提升。例如:对评级为D的企业进行精准指导,通过企业回访、日常抽查等形式将年报问题反馈企业;通过为企业量身定制"健康体检报告",对企业的公示信息"把脉问诊",跨前服务帮助企业发现填报的错误情形,及时指导其修改。

二是信用助力优化营商环境。首创"信用联盟",用信用换服务。集结了金融办、市场监管局、商务委、投促办等部门,为联盟企业提供组团式服务(信用修复绿色通道、纳入区"信易贷"白名单、减少抽查等)各类惠企服务清单。鼓励企业签署信用承诺,坚持诚信经营,用信用换服务,享受更优质、更便捷的政务和融资服务,目前,已有136家企业进入"信用联盟"。"信用联盟"案例入选"2022年全国营商环境创新发展重点宣传推广案例",该举措获得央视《经济半小时》两会特别节目报道。在联盟服务清单中,提供企业健康体检报告服务中运用登记许可、投诉举报、监管处罚等信用信息对企业进行"一表式、全画像"把脉问诊。将企业经营管理的风险点和雷区逐一排摸,提前告知并提出建议,为企业经营发展减负。创新企业信用修复预警提醒,对于重点企业,构建了"科学预警、及时告知、快速修复"的信用修复提醒服务机制,筛选出受到行政处罚并且已满最短公示期的企业,向一网通办企业专属网页推送提醒,助力企业及时进行信用修复,已向首批符合条件的100多家企业推送提醒。

三是信用助力民营经济发展。普陀区作为信易贷首批试点区,2020年以来不断建设、升级平台,打造了前中后台一体化信贷服务体系。前台建立了"普惠金融超市""特色专区"等板块,中台支撑金融机构线上高效对接、受理、反馈,后台提供白名单上传、靠谱贷、批次贷联合会审、贴息受理等功能。强化政策供给,制定出台《普陀区助企纾困"靠普贷"融资支持实施办法》《普陀区服务企业发展工作实施意见》等政策,建设多层次风险缓释机制。建设中国银行全流程放贷和线上测额功能,提高企业融资便捷度。不断加强数据共享,汇集多方企业数据,归集了电力、科技研发、企业白名单等特色数据,实现信用数据赋能。

四是信用助力普陀特色打造。2023年,为客观评价半马苏河沿岸信用赋能发展成效,普陀区与上海市经济信息中心联合编制了《普陀区"半马苏河·七彩秀带"信用发展指数》,搭建"7+21+42"三级指标体系科学测度,用丰富维度、海量数据智慧分析"半马苏河·七彩秀带"建设水平。指数研究成果显示,普陀区"半马苏河·七彩秀带"信用发展指数七条秀带分项指数得分均处于优良线以上,逐步打响了"半马苏河·七彩秀带"品牌。其中"数治秀带"信用指数列7个指数第一位,表明普陀区"数智蝶变"赋能"半马苏河"精细化治理水平提升至新高度。

下一步,普陀区将做深做实信用特色应用,把加强社会信用体系建设与打造"开放、创新、包容"的城市品格紧密结合起来,与推进城市数字化转型紧密结合起来,努力让社会信用体系成为普陀区经济社会发展的"基础桩",努力将信用软实力打造成普陀区建设"创新发展活力区、美好生活品质区"的硬支撑,努力为全国社会信用体系建设探索路径、积累经验、提供示范。

(资料来源:上海市普陀区发展和改革委员会)

政府信用产品案例 4

推行"九宫格"分类监管　筑牢食品安全"金钟罩"

一、工作背景

食品安全是餐桌上的民生,也是市场监管的重要领域之一。面对数量众多、类型复杂、风险各异的食品经营单位,徐汇区市场监管局破题攻坚、大胆探索,在全市率先起草制定了《徐汇区食品经营单位分类监管暂行办法》,以食品经营单位的信用管理为抓手,通过"静态+动态"风险分级,推行食品安全"九宫格"监管,做到精细监管、量化监管、分类监管。

二、主要做法

1. 业态规模分级,明确静态风险

根据食品经营单位的业态、规模,食品流通环节中,"大卖场、批发市场、农贸市场、熟食店、超市(含便利店)"为高风险单位,"食品储运单位"为中度风险单位,"食品商贸企业、食杂店等其他食品流通单位"为一般风险单位;餐饮服务环节中,"集体用餐配送单位、中央厨房"为高风险单位,"中型以上饭店、学校食堂、养老机构食堂、企事业单位食堂和专业网络订餐"为中度风险单位,"连锁餐饮及食堂承包企业总部、其他餐饮单位"为一般风险单位。

2. 经营信用分级,划定动态风险

科学界定食品经营单位信用状况评价"量化分级"标准,执法大队、各市场监管所依据《市场监管总局办公厅关于印发食品生产经营监督检查有关表格的通知》中的格式化检查表对日常监督检查情况进行评定,统一检查项目和评定标准,将食品经营者的食品安全管理状况分为"良好""一般""较差"三个等次,分别对应"笑脸""平脸"和"哭脸"三个脸谱图形,并将经营单位的食品安全管理信用评价结果通过食品安全公示牌及时向社会公示。

3. 依据风险等级，实施分类监管

综合级别和等次确定食品安全风险，并作为日常监管、"双随机、一公开"监管的重要参考指标，确定不同信用风险等级企业随机抽查比例、频次。同时，参考风险分级和信用评定规则，定期对全区食品经营者进行评定，动态调整风险等级。依据食品安全风险，将食品经营者分为A、B、C、D、E、F六类，监管频次分别为：A类：每年1次；B类：每半年1次；C类：每4个月1次；D类：每3个月1次；E类：每2个月1次；F类：每个月1次。通过"九宫格"分级分类监管，提升精细化管理水平。

4. 借助智慧手段，精准闭环执法

推出"智慧食安"监管系统，将餐饮单位现场安装的"明厨亮灶"监控视频通过互联网接入区局系统，让执法人员实时掌握后厨的情况。另外，通过人工智能分析，能够实时抓拍违法违规行为，并向执法人员和餐厅负责人的手机推送预警，有力补充了监管力量的不足。"智慧食安"板块还接入了饿了么、美团等入驻商家信息，通过大数据分析比对，监管部门可以第一时间得知平台商铺经营是否合规，证照是否齐全。同时，将执法检查情况、食品经营单位信用状况等纳入"食安指数"评价指标体系，提高监管部门对全区食品安全总体状况的掌握度。

三、工作成效

1. 监管执法更加扎实有力

通过实施"九宫格"分级分类监管，使监管部门能更加合理地配置监管资源，实施差别化管理，极大地增强了监管精准性和有效性，实现了食品安全立体化、动态化监管，加快构建以信用为基础的食品安全新机制。

2. 市场主体更加诚信自律

进一步落实了食品经营者的食品安全主体责任，主动加强自身管理，提高食品安全管理水平。通过合理调整检查频次，着力减少对企业正常经营的干扰，引导食品经营企业诚信经营、守法经营。

3. 食品安全更加公开透明

徐汇区市场监管局将监督检查结果及时向社会公示，确保监督检查公开、公

平和公正。通过店铺的"脸谱"公示,使得经营单位的食品安全状况一目了然,让广大消费者在徐汇吃得放心、吃得安心、吃得舒心。2022年10月,经国务院食品安全委员会批准,徐汇区被正式命名为"国家食品安全示范城市"。

(资料来源:上海市徐汇区发展和改革委员会)

政府信用产品案例 5

信用促进文旅市场经济发展
——黄浦区"信游长三角+"

一、基本情况

为贯彻《关于建立完善守信联合激励和失信联合惩戒制度加快推进社会诚信建设的指导意见》相关要求,黄浦区近年来全面落实国家战略,推进长三角城区社会信用体系建设,以信用提升城区能级和核心竞争力。

2020年,黄浦区正式发布"信游长三角"小程序,以公共信用信息数据为支撑,创新开展跨省市守信联合激励,为长三角守信市民提供优质惠民服务。2022年和2023年连续两年主动升级推出"信游长三角+"2.0版和3.0版,创新"信易+"应用场景,打造"外滩信用"品牌,持续提升信用应用服务能级。

二、主要做法

(一)联动长三角城市推进"信易+"应用

2021年5月,黄浦区与丽水市联合举办黄浦—丽水"信游长三角"启动仪式,为"信游长三角"首批服务商家进行授牌,正式拉开长三角旅游领域信用合作的序幕。此后,黄浦区与常州高新区、大连金普新区和安徽省芜湖市、蚌埠市、合肥市、铜陵市等城市,以及南京市鼓楼区、苏州市姑苏区、杭州市上城区、宁波市鄞州区、合肥市庐阳区、蜀山区等城区先后签署信用战略合作备忘录,加强区域信用联动合作,共同探索推进"信用+旅游"应用场景。

(二)丰富"信游长三角+"守信激励场景

"信游长三角+"发布后已有65家合作商共推出包括景点购票优惠、出行住宿便利、购物消费折扣等83个守信激励措施。其中,"黄浦站"推出上海杜莎夫人蜡像馆、上海观光旅游巴士等10个商家;"丽水站"推出了花园小镇、众泰租车以及养心谷等13家客栈民宿。2023年,"信游长三角＋"3.0版上线"一街一区""一江一河"两大功能模块,创新"信用＋咖啡""信用＋游船"应用场景,为守信居民提供更多便利服务。

(三)创新"信游长三角＋"推广模式

结合信用特色街区创建,联合瑞金二路街道在南昌路宣传推广"信游长三角＋"品牌,营造市场主体诚实守信经营氛围。在机关单位内部举办多场信用宣传活动,提升干部职工对诚信的重视程度。截至2023年底,"信游长三角＋"累计访问量近2.3万人次。

三、经验启示

一是建立"一个机制"。黄浦区与多个长三角城区签署信用战略合作备忘录,共同探索信用信息共享、服务共为、规则共建、品牌共铸的工作机制,为工作取得积极成效提供了有力保障。二是打造"一个品牌"。创建"信游长三角＋"品牌,发挥品牌引领作用,分别与浙江丽水、久事集团、瑞金二路街道举办"信游长三角＋"启动仪式、"信享金咖荟"启动仪式及"信赴苏河游"启动仪式,加大宣传推广力度,提升品牌知晓度、影响力。三是赋能"一个产业"。"信游长三角＋"是信用和旅游产业高度结合的产业,也是首次信用赋能区域重点产业高质量发展的有力尝试,为旅游服务产业恢复重振带来信用保障和支撑。

下一步,黄浦区将进一步加深与更多长三角城区合作交流,充分发挥信用软实力"助推器"作用,促进长三角区域信用信息和社会资源共享共建,让守信居民能够享受到信用带来的高品质生活。

(资料来源:上海市黄浦区发展和改革委员会)

政府信用产品案例 6

"审慎执行＋信用修复"，让执法有力度更有温度

为落实区优化营商环境改革，助力杨浦法治化营商环境建设，杨浦区城管执法局聚焦市场主体关切，积极转变服务理念，大力推行包容审慎执法监管，深入实施"审慎执行＋信用修复"专项行动，着力打造有力度更有温度的执法环境，为市场主体降成本、增活力保驾护航。该项工作荣获"2023年上海法治为民十大实事项目"。

一、深入调研，倾听企业心声

杨浦区持续开展"大走访、大调研、大服务"活动，扩大服务企业覆盖面，深入美团、上海建工二建集团、名启投资管理公司等企业，跟踪了解企业生产经营情况，及时对接企业需求，并与企业负责人就优化营商环境进行深入交流。

针对企业提出的城管执法领域事项不熟悉、失信信息如何修复、改正后是否免罚等问题，杨浦区城管执法局充分发挥城管"园区工作站"和"滨江工作站"的桥梁作用，主动搭建交流平台，开展系列专题讲座，加强政策精准推送，提供一对一咨询服务，用心用情当好"联络员"和"服务员"，促进企业诚信经营、公平竞争，营造知法、懂法、守法的营商环境。

杨浦区以企业满意度为导向，推进调研成果转化落地，结合城管执法工作实际，制定《上海市杨浦区城管执法系统关于依法实施审慎处罚工作措施》，突出"依法监管、审慎处罚"两个关键，实施"轻微不罚、首次免罚，依法协办信用修复"两大措施，为"审慎执行＋信用修复"专项行动开展提供制度保障。

二、分类监管，引导企业守信

杨浦区积极拓展信用分级分类监管机制，主动采取信用风险差异化检查模

式,推动"双随机、一公开"监管和企业"风险+信用"监管深度融合,依托城管执法对象监管平台,采用"红黄绿"警示提示,实行靶向抽查、差异化监管:对关系人民群众身体健康、违法情节严重等重点监管对象,实施定向抽查,增加抽查频次;对信用风险较低的市场主体,合理降低检查比例和频次;对同一被检企业的多个检查事项统筹安排、合并进行,减少检查次数,避免对企业正常经营活动不必要的干扰。

此外,加强数字城管建设,发挥大数据的深度赋能作用,通过增设网上信用承诺板块,签订非现场执法工作告知承诺书等手段,创新"动态智能发现、信息同步传递、督促商户自纠、首违免罚"的执法模式,推动"非现场执法"在包容审慎监管领域拓展。同时,结合日常监管执法场景,积极推行市场主体线上开具专用信用报告替代有无违法证明,降低企业多头开具证明负担,切实提升守信企业获得感。

三、柔性执法,提振企业信心

杨浦区城管执法局聚焦本系统主要执法领域、高频处罚事项和市场主体在过罚相当方面反映较大的处罚事项,依据法律法规、市城管执法局免罚清单和行政处罚裁量基准等规范性文件,定期梳理城市管理综合执法领域不予处罚事项,对违法行为轻微并及时改正,没有造成危害后果的,依法不予行政处罚;初次违法且危害后果轻微并及时改正的,依法不予行政处罚。目前,有50余项行政处罚事项实施轻微违法不罚和首次违法免罚。对免于处罚的企业,杨浦区城管执法局强化普法宣传,采用批评教育、约谈相关负责人或有关人员、发送执法建议书等形式给予教育指导,指导督促其依法合规开展活动,为各类市场主体尤其是中小企业、新业态提供更加宽松的发展环境。

四、信用修复,激发企业活力

"您好,请问是区城管执法局吗?我单位需要信用修复,应该如何操作?"简简单单的一句话,道出了企业修复信用的迫切心情。杨浦新模式、新业态企业集聚,是区域创新发展的活力源泉,但可能因"无心之失"受到行政处罚,产生失信行为，进而影响企业参与政府采购、招标投标、表彰评优、上市融资等活动。杨浦区城管执法局秉持"政府多跑腿、企业少跑腿"服务宗旨，建立信用修复便捷高效办理机制，整合企业关心的信用服务关联事项，通过杨浦数字城管、微信公众号、短信等向企业推送信用修复通知、修复路径等信息。

同时，杨浦区城管执法局建立源头触达机制，在送达行政决定的同时，一并发放《行政处罚信息信用修复温馨提醒》，告知当事人信用修复的途径和最短公示日期，并在"杨浦城管"微信公众号上开设信用修复专栏，提供便民邮箱，帮助企业及时修复信用，恢复生机活力。针对建筑工程、交通运输等行业行政处罚较多、信用修复需求较大的共性问题，杨浦区城管执法局加强跨部门协同联动，会同区发展改革委、区投促办等部门开展行业失信专项治理行动，与普法宣传教育相结合，为企业提供信用修复帮办服务，引导企业增强诚信守法意识。2021年以来，累计办理信用修复200余件。

（资料来源：上海市杨浦区发展和改革委员会）

政府信用产品案例 7

以数字化信用应用护企成长
以市场化信用服务助企发展

近年来,苏州工业园区社会信用体系建设领导小组办公室(简称"园区信用办")聚焦信用信息应用、信用场景建设和信用市场服务,持续开发信用智能化创新应用,建立健全信用应用场景推进机制,搭建企业信用服务对接互助平台,助力政务端构建以信用为基础的新型企业服务与监管机制,赋能市场端搭建以服务为核心的企业信用管理互助交流平台,多方携手,共建共享"知信、守信、用信"园区诚信营商环境。

一是以信用数字化提升管理服务效能。2015年以来,园区开发建设了公共信用信息共享平台,归集区内全量17万家经营主体各类公共信用信息,基本形成信用数据广泛、信用应用完备的信用数字化建设格局。在此基础上,园区进一步探索将公共与市场信用数据进行融合,强化信用数字化、智能化创新开发,陆续推出一批信用数字化、智能化应用。2021年推出了企业信用综合评价,动态形成区内全量企业四级九等信用综合评价等级,全面反映企业动态信用状况。2022年推出了移动版"企业信用码",将企业信用状况通过绿、黄、灰和红四种二维码颜色进行区分,助力诚信企业在政策审批、融资申请、现场监管等环节享受便利服务。2023年推出"信用+双随机监管"和行业信用专题库等信用监管应用,为各行业领域监管提供事前信用查询、事中分级分类抽查、事后动态信用预警跟踪的全天候、全方位信用监管,帮助监管部门及时、全面掌握监管对象信用动态。

二是以应用制度化推动信用场景建设。2021年以来,园区大力推进信用应用场景建设,制定发布了《苏州工业园区信用应用场景推进实施方案》,围绕审批准入、监管执法、企业服务等十个应用方向,以点带面、条块结合,逐步建设全领域、全方位信用应用场景。每年年初，园区制定年度信用应用场景项目清单，分解重点行业领域信用应用场景项目，建立跟进协调常态化考察评价机制；到年末，园区围绕场景创新引领性、适用推广性、应用成效性和制度规范性，组织优秀信用应用案例评选和表彰，编制和发布年度信用应用场景优秀案例册集。截至目前，园区共评选出30余项年度优秀信用场景案例，通过总结汇总、整理分类、编制册集，将各类涉企信用创新应用创新举措和应用成效进行深度分析与推广，形成推进中的信用场景逐步深化、待推进的信用场景蓄势待发的火热氛围，助力行业领域各项信用创新应用不断做大、做深、做实。

三是以服务市场化助力营造诚信环境。当前，园区集聚了各类外资企业超5 000家，其中包括101家世界500强企业。为充分推广园区外资企业成熟、先进、有效的企业管理经验，全面提升园区各类企业信用管理意识和水平，2021年底，园区发挥信用市场化服务优势，指导园区信用建设促进会联合区内9家诚信典型企业发起"企业诚信领跑计划"，年初发动和筛选形成"企业诚信领跑"培育库，年中定期举办多形式信用交流活动，年末组织信用管理专家评选年度"诚信领跑企业"。在企业诚信领跑基础上，为助力"诚信领跑企业"更好发展，园区整合各类信用服务市场资源，多家国资企业、信用服务机构、金融机构等单位联合发起"企业守信助跑行动"，为诚信领跑企业等诚信企业提供市场化守信激励服务，助力诚信企业在"知信"基础上增强"守信"和"用信"意识，让企业信用真正"有感、有价、有用"，推动"守信"成为企业自觉行动。

作为全国开放程度最高、发展质效最好、创新活力最强、营商环境最优的区域之一，近年来，苏州工业园区不断探索创新，以信用数字化应用为基础降低经营主体负担，以信用服务为手段帮助企业发展提质增速，积极以信用"软实力"筑牢实体经济高质量发展"硬支撑"。

（资料来源：苏州工业园区社会信用体系建设领导小组办公室）

政府信用产品案例 8

信用赋能数智治理推动招投标监管全链条改革

一、改革背景

为进一步规范招投标活动,加大招投标违法违规整治力度,杭州成立招投标领域专项整治与提升专班,特设信用体系建设组,聚焦"五个一"工作目标,按照信用赋能的工作理念,进一步完善招投标信用监管全链条改革。

近年来,杭州市以深化"放管服"改革为主线,以数字化改革为引领,持续推进招投标改革创新,在构建公平公正、竞争有序、开放包容的招投标市场环境方面成效显著。但是,围标串标、专家不公、中介不中、应招未招等顽疾依然存在。

1. 各条线上位法标准不一

据统计,杭州市出台的招标投标领域有效文件有 42 个,涉及建委、交通、林水、园文、城管、公共资源交易 6 个部门,所以即便全市搭建了统一的公共资源交易平台,但是招标投标服务的"一网通达"仍然没有带动和实现行业监管的"一网协同",从而形成了监管的"孤岛"。

2. 联合奖惩闭环没有形成

我国现行的《招标投标法》《建筑法》等法律法规颁布时间较早,很多条款已不适应快速发展的市场环境,对招投标领域的失信行为界定、信用评价标准、失信惩戒应用都没有明确的要求和规范。各条线的黑名单存在数据散落、回流滞后、市级共享应用不足等现象,跨领域、跨部门、全链条的实质性联合应用还未开展。

3. 信用规则应用不足

早在 2006 年,杭州就出台了《杭州市建设工程施工招标评标专家库管理实施办法(试行)》,对评标专家进行统一管理。近年来,为了进一步体现公平公正,目前公开招标项目的评标专家已经由"业主自行推荐"转变为了"专家库随机抽取"。但是这一制度也衍生出了"围猎专家型"的舞弊和串标问题,关键是专家的道德品行难以预判,专家回避和预警机制仍有待完善。

二、主要做法

(一)完善政策制度体系

针对招投标领域突出问题,按照招标主体、招标代理、评标专家、投标人等四个专题,制定完善招投标领域相关政策和工作制度。一是聚焦招投标代理及其从业人员业务能力,率先构建建筑工程招投标中介管理机制。创新制定《杭州市建设工程造价咨询和招标代理从业人员"天秤码"管理办法》,打破建设、交通、水利和园林绿化四大行业的条块分割,共享企业、人员和业绩信息,统一信用评价标准、互认信用评价结果。二是以规范评标专家行为为重点,构建专家信用评价机制。针对评标专家管理中的薄弱环节和主要问题,从评标专家的建立、使用和管理等方面入手,制定《评标专家信用评价标准和管理细则》,尤其是要建立专家信用风险预警、跟踪和退出机制,真正让专家库年审机制发挥作用。三是优化事前事中事后全链条监管体系,严格把控投标主体的投标行为。加快推进杭州市招标投标领域信用体系建设,推动信用信息在招标投标活动中的合理规范应用,构建以信用为基础、衔接标前标中标后各环节的新型监管机制,出台《关于杭州市在招标投标领域优化信用监管的实施意见》,营造风清气正的招标投标环境。

(二)创新数字生态体系

根据数字化改革"平台＋大脑"总体要求,探索招投标领域数字化改革由"人机交互"向"智能交互"转变、由经验判断向监测分析转变、由被动处置向主动预警转变。一是构建招投标领域失信黑名单联动监管库。按照"统一规划、整体架构、系统协同、共建共享"的要求,基于一体化智能化公共数据平台,构建全市招投标领域失信黑名单联动监管库,实现国家、省、市三级失信黑名单信息的实时共享和动态更新。二是搭建预测预警模型。根据《招投标负面清单》梳理一批预测分析规则,通过热力图、雷达图、折线图等不同模型展示,重点针对"统一标段投标企业的母子关系、法定代表人关联关系""评标专家与业主单位、中标单位关联性"等可能造成违法招标的风险进行识别,形成重点关注名单,推动风险预防关口主动前移。三是多平台联动。按照迭代升级、增量开发原则,完善各行业监管部门招投标行政监督系统建设,打通杭州市公共资源交易平台、杭州市公共信用信息平台、"清廉杭州"平台和各招投标行业监督系统,形成招投标领域态势感知、监测分析、预测预警、研判决策、治理处置、信用联动的闭环整治提升执行链。

（三）优化监管服务体系

在"打造营商环境最优市"的大背景下,转变思想观念、改变工作惯性,以服务促监管的工作理念,实现招投标信用监管能力的大提升。一是关注招标主体的承诺履约情况,规范项目招标投标容缺受理机制。进一步提升项目前期工作的管理水平,通过进一步规范杭州市重点工程建设项目招标投标的容缺受理机制,对招标人未履行承诺的情况,明确惩戒措施和整改要求,让招标人的招标行为和招标材料更规范。二是关注投标人的信用状况,探索构建标前预警服务机制。通过搭建信用风险预警组件,在投标人上传标书环节,对其是否列入黑名单和招投标领域重点关注名单,进行实时预警,起到"明镜高悬"的效果,让信用不良和存在风险的企业知难而退。三是关注部门联动和业务协同,探索构建全过程信用承诺机制。在加强合同履约管理的同时,通过建立招标人和投标人信用承诺机制,将信用承诺及履约情况,作为对事中事后监管和信用评价的重要依据。对确实存在招标人违背承诺的失信情形,经有关部门提示或约谈后仍未及时纠正的,可以在一定范围内予以专题报告,必要时可暂缓其参与的其他项目审批进度。对投标人存在违背承诺的失信情形,将该信息依法纳入信用档案,并实施失信联合惩戒。

三、成果应用

杭州招投标信用建设经验获国家认可。天秤码和杭州信用预警服务两项工作分别获得第五届中国城市信用峰会新华信用杯优秀案例。依托杭州市公共信用信息平台,构建全市招投标黑名单信用信息交流中心,完成19.53万余条黑名单数据、134.46万余条失信被执行人数据的全量归集、公示和查询,有效规范市场信用秩序。

（一）制度体系引导监管理念变化

目前，招投标工作专班已出台《关于杭州市在招标投标领域优化信用监管的实施意见》《杭州市建设工程造价咨询和招标代理从业人员"天秤码"管理办法（试行）》《杭州市园林绿化市场主体信用管理办法》《关于进一步明确我市重点工程建设项目招标投标容缺受理有关事项的通知》等4个信用相关工作文件。文件出台后，各相关部门和区县在信用监管工作的推进上呈现了"两个改变"，一是行业管理部门主动找信用。人社、建委、房管、交通、文旅、司法等多个部门主动联系杭州市发展改革委（信用办），希望信用赋能，不但对失信惩戒措施有了更加明确的要求，而且提出了守信激励的服务举措和设想。二是区、县（市）主动用信用。上城、西湖、余杭、萧山4个区县主动联系并提出要在公共资源小额交易中嵌入"标前预警"组件，建立小额交易履约信用结果反馈机制。

（二）标前预警展现监管力度和温度

2023年底，杭州搭建了"标前预警"组件，并在全市公共资源交易平台上线使用。截至目前，市公共资源平台已调用组件165.04万次，累计提示黑名单1 532家（次）。其中，经提示不再继续投标的企业1 532家（次），占预警提示的74.09%。在预警提示后三个月内有35.96%的企业通过整改和修复退出了黑名单。

（资料来源：杭州市发展和改革委员会）

政府信用产品案例 9

强基础　求突破　宿州市成功创建
第四批国家社会信用体系建设示范区

近年来，宿州市坚持政务诚信、商务诚信、社会诚信、司法公信一体推进，加快信用体系和诚信文化交融互促，社会信用体系建设深入开展。在全国城市信用状况月度监测评价中，始终排名全国261个地级市第一方阵。2023年，成功获批第四批国家社会信用体系建设示范区。

一、完善信用法规制度体系，把好建设"方向盘"

一是推动信用立法。开展《宿州市社会信用条例》立法调研，推动高质量信用立法，将信用信息归集、查询、共享、公开、应用以及信息安全保障和主体权益保护等纳入法治轨道。二是夯实制度基础。印发《宿州市"十四五"社会信用体系建设规划》及年度工作要点，依法编制市级目录、清单，全面提升社会信用体系建设制度化水平。三是规范约束措施。持续开展失信约束制度清理规范工作，加强指导监测，确保全市信用措施全部于法于规有据。

二、推进信用平台特色升级，用足智能"工具箱"

一是优化信用平台。提升完善信用平台和门户网站功能，对信用信息共享、信用协同监管、信用评价、联合奖惩等模块进行优化升级，市、县区两级信用平台全部建成并实现对接互通。市信用平台和门户网站综合性能居全国前列，蝉联国家公共信用信息中心授予的"全国特色平台网站"称号。二是强化信息归集。逐年调整优化公共信用信息补充目录，实现市信用平台与政务服务运行管理平台、市工程审批系统等技术对接，实时抓取信用数据。建立数据归集共享月通报制度，提升"双公示"及其他5类行政管理信息数据质量。截至目前，共归集信用信息超6亿条,归集上报"双公示"数据超429万条。三是开展信用监测。实行日监测、周调度制度,对全市四县一区13个重点行业领域实时监测,调度整改,推动社会信用体系建设高质量发展。

三、加强"信易+"重点工程建设,建好惠民"加油站"

一是推行信用承诺。建立信用承诺制度,将信用承诺及履约践诺嵌入政务服务审批平台办事流程,累计归集信用承诺及履约践诺信息超251万份。二是深化信用核查。将信用查询嵌入政务服务、工程建设、招投标管理、房产管理、免审即享等系统审批流程,实现逢办必查,查询量超636万次。全面推行企业公共信用信息报告代替无违法违规证明,累计提供报告8 720份。三是强化信用赋能。优化个人信用分"月季分",在12个领域推出"信易+"产品服务,涵盖信易游、信易行、信易阅、信易批等多场景应用,创新无政府补贴的信用激励机制,激励超1.38万次。加强信用信息应用推动中小微企业融资,建成市中小企业融资综合信用服务平台,累计入驻银行机构18家,注册中小微企业超36万家,授信总额1 111亿元,实际发放贷款955亿元。

四、坚持信用管理常态长效,唱响诚信"主旋律"

一是加强信用监管。参考使用国家、省公共信用综合评价结果,在生态环境、市场监管等24个领域开展信用分级分类监管,累计归集企业信用评价信息超129万条。将严重失信主体名单信息纳入市联合奖惩系统,依法依规实施失信惩戒,累计查询量超235万次。二是加强信用修复。建立完善常态化信用修复机制,设立信用修复咨询窗口,开通线下信用修复咨询服务,引导企业通过"信用中国"网站在线修复。2023年,通过信用中国协同工作平台成功修复处罚1 150条。三是开展失信治理。持续整治"新官不理旧账"、政府机构失信、拖欠民营企业账款等问题,实现政务失信案件动态"清零"。常态开展严重失信主体治理工作。截至目前,全市严重失信企业占比、严重失信市场主体占比均低于1%。

(资料来源:安徽省宿州市发展和改革委员会)

市场信用产品案例 1

无限股权穿透系统助力高效完成 KYC 审核

商安信（上海）企业发展股份有限公司（3Acredit）基于全球商情信息平台（global-eagle.cn）先进的数据处理技术和算法，已成功自主研发了全球企业跨境投资关系的无限股权穿透系统，通过该系统实现无限层级的全球股东穿透查询，并在其全球企业商情平台上提供无限股权穿透系统"了解你的客户"（Know Your Customer，KYC）核心数据支持，以满足国内各类机构的需求。

无限股权穿透系统可以以当前查询的实体为中心起点，向上穿透查看股权分布、股东属性，看清企业股东受益分布；向下穿透，发现当前企业直接、间接投资对象，同时可直接反映股东持股情况，挖掘背后的直接和/或间接持股。股东代表企业资本的来源和性质，直接或间接持续 25% 以上的主体就有可能成为最终受益人。

一、企业介绍

商安信成立于 2008 年，作为一家专业从事在商业信用研究及应用领域的高新技术企业，致力于商业信用评估模型、商业信用技术应用场景等商业信用产品的研发和实现。

商安信信用研究院的专家团队由十多位来自多个国家、在国际商业信用领域实践了数十年的专家所领衔，资深的国际商业活动信用实践经验配合专业的 IT 场景实现能力，商安信着力为市场提供专业的国际商业信用服务产品。

二、功能介绍

1. 股权链分析

平台通过分析目标企业的股权信息和股权变动，可以自动生成股权链分析图,清晰展示不同股东之间的关系和持股比例。这有助于用户了解企业的股权格局,判断实际控制人及其背后的利益关系。

2. 实际控制人识别

通过股权穿透,平台能够识别目标企业的实际控制人。通过分析股权链图上的股东关系,并根据法律规定和实际情况判断出企业的实际控制人,揭示企业背后的权力控制和实际经营情况。

3. 关联企业分析

平台通过股权穿透,可以追溯和分析目标企业的关联企业关系。通过识别和展示目标企业在股权链中的关联企业,包括母公司、子公司、姐妹公司等。这有助于用户了解企业的关联交易、合作伙伴关系和供应链结构,降低商业风险和优化商业合作关系。

4. 风险评估和尽职调查

通过股权穿透功能,用户可以对目标企业进行风险评估和尽职调查。平台提供了股权结构、实际控制人的背景信息、关联企业的经营状况等数据,帮助用户全面了解企业的稳定性、经营风险和潜在问题,从而辅助用户做出商业决策。

三、常见使用场景

1. 投资机构

平台可以为投资机构提供全球范围内的商业信用评估和尽职调查支持,帮助其评估投资标的的可行性和风险,提高投资决策的准确性和成功率。

2. 银行等机构

平台提供的企业信用信息和股权穿透信息可以帮助金融机构评估借款企业的还款能力和风险情况,减少信贷风险和不良贷款率。以"穿透经营和价值发现"为核心建立风控体系,为以银行为主的信贷业务发展提供坚实的科技支持。

四、实践经济效益

1. 提高透明度和减少风险

通过无限股权穿透系统,企业可以清晰了解股权结构和股东关系,减少信息不对称和潜在风险。这有助于提高经营决策的准确性和可靠性,降低治理风险。

2. 加强治理和控制

无限股权穿透系统可以帮助企业实现更好的治理和控制,特别是在股权分散、多层次股权结构的情况下。通过清晰的股权关系和所有权链条,企业可以更好地实施战略决策、监督管理和权力平衡,提升企业治理效果。

3. 优化资本结构和投资决策

无限股权穿透系统可以提供精确的股东结构和资本构成,帮助企业进行资本结构的优化和管理。基于准确的股东信息,企业可以更好地调整资金配置、进行投资评估和决策,提高投资效益和风险控制。

4. 提升市场价值和投资吸引力

通过实施无限股权穿透系统,企业可以提高透明度和资本市场的可观察性。这将增加企业的市场价值和吸引力,有助于吸引更多投资者的注意和参与,为企业融资提供更多选择和更有利的条件。

五、解决的问题

1. 帮助证通股份了解客户的真实身份,防止身份盗窃和欺诈行为

通过核实客户的身份证明文件、地址证明和其他相关信息,可以确保其交易的合法性和可信度。

2. 有助于预防洗钱和其他非法资金流动

金融犯罪分子经常利用合法机构进行非法活动,通过 KYC 审核,可以更好地识别可疑交易和异常行为,及时报告相关机构,并采取必要的措施,遏制资金洗白和非法资金流通。

3. 有助于证通股份确保合作对象合规性,并遵守国际反洗钱和反腐败法律法规

证通股份所合作的金融机构等必须履行 KYC 的要求,以满足监管机构的规定,并防止自身陷入法律风险。KYC 审核不仅是一种法律要求,也是建立可信度和信任的重要手段。

[资料来源:商安信(上海)企业发展股份有限公司]

市场信用产品案例 2

风险雷达 TM 全流程智能风控系统

一、企业简介

上海风声企业信用征信有限公司成立于 2014 年 12 月 15 日,是上海斯睿德信息技术有限公司下属全资子公司。风声征信具备央行备案企业征信资质,在大数据征信行业始终保持技术领先地位。风险雷达(Risk Raider)是上海风声企业信用征信有限公司旗下的一套基于人工智能的企业赊销客户动态监测和智能预警系统。该公司连续两年(2016 年和 2017 年)被全球四大会计师事务所之一的毕马威评选为中国金融科技 50 强企业。

二、功能介绍

1. 新客商准入管理

黑名单校验提供企业内部黑名单校验、第三方库校验。企业内部黑名单校验数据来自用户自己维护的内部黑名单列表,第三方库校验数据来自风险雷达提供的失信行为数据,用户可以选择每次校验目标企业时的数据来源。

2. 授信管理

授信管理将评级服务延伸到授信领域,整个系统涵盖了数据获取、标签库、评级模型、信用评估、风险状况和自动授信的全业务流程风控。支持用户根据公司的业务特点自定义设置授信政策。系统内置多套评级模型,是基于全量样本训练出来的 AI 模型跟用户的自身交易数据的融合形成的复合模型,用户也可以上传样本全自动训练个性化模型,且全程零代码,真正实现智能风控。

3. 全量分析

系统支持对全量客户的全维度动态全量分析,用户可以据此调整授信政策、市场策略等科学决策,实现快人一步的智能风控,为公司领导层和业务部门提供强有力的支持。

4. 动态风险预警

每天动态监测目标企业的风险事件、风险等级波动,为用户合理分配内部资源提供可靠支撑。自动化的数据抓取、数据解析、风险量化等功能确保对全量客户的全维度实时监控,极大地节省了人力,提高了工作效率,确保风险无遗漏,监控无死角。

该模块为用户提供了自定义设置功能,使用者可以设置不同偏好的风险监控方案,满足企业的个性化风险管理解决方案。

5. 关系排查

关系排查支持监控企业之间的关联挖掘和任意企业之间的关联挖掘,既包含显性关联,也包含隐性关联,全面彻查关联风险传导。

三、亮点及优势

1. 股权链分析

平台通过分析目标企业的股权信息和股权变动,可以自动生成股权链分析图,清晰展示不同股东之间的关系和持股比例。这有助于用户了解企业的股权格局,判断实际控制人及其背后的利益关系。

2. 实际控制人识别

通过股权穿透,平台能够识别目标企业的实际控制人。通过分析股权链图上的股东关系,并根据法律规定和实际情况判断出企业的实际控制人,揭示企业背后的权力控制和实际经营情况。

3. 关联企业分析

平台通过股权穿透,可以追溯和分析目标企业的关联企业关系。通过识别和展示目标企业在股权链中的关联企业,包括母公司、子公司、姐妹公司等。这有助于用户了解企业的关联交易、合作伙伴关系和供应链结构,降低商业风险和优化商业合作关系。

4. 风险评估和尽职调查

通过股权穿透功能,用户可以对目标企业进行风险评估和尽职调查。平台提供了股权结构、实际控制人的背景信息、关联企业的经营状况等数据,帮助用户全面了解企业的稳定性、经营风险和潜在问题,从而辅助用户做出商业决策。

四、常见使用场景

1. 投资机构

平台可以为投资机构提供全球范围内的商业信用评估和尽职调查支持,帮助其评估投资标的的可行性和风险,提高投资决策的准确性和成功率。

2. 银行等机构

平台提供的企业信用信息和股权穿透信息可以帮助金融机构评估借款企业的还款能力和风险情况,减少信贷风险和不良贷款率。以"穿透经营和价值发现"为核心建立风控体系,为以银行为主的信贷业务发展提供坚实的科技支持。

五、解决的问题

该产品平台的开发涉及大数据、深度机器学习、大语言模型(LLM)、AI自动化建模、数据可视化等多类型的前沿技术,可为客户提供以下服务。

1. 为客户提供端到端的建模服务,包括数据汇聚与预处理、特征工程与建模、超参优化与模型调优、业务逻辑植入(黑白名单)、机器学习运营(MLops)模型全生命周期管理、建模作业编排、模型监控与定期评测、模型更新与维护。

2. 产品为便于更好地满足客户的个性化需求,可为客户提供多种部署方案,一为基于 Web 服务的软件运营服务(SaaS);二为本地化部署;三为混合云部署。

3. 实时动态风险预警,提供企业的全维度数据,包括工商、司法涉诉、新闻舆情、上市公告、行政处罚、供应链信息、知识产权、税务处罚、失信记录、家族风险传导、知识图谱等,并利用上述深度机器学习训练的 AI 模型自动对企业进行风险评级和风险预警,提醒用户风险变化以及采取适当的授信政策。

4. 从客户准入到授信审批的全流程管理,人工智能技术助力企业管理者做出高效、合理的决策。

5. 整合企业内外部数据融合,打通数据孤岛,助力企业数字化、智能化转型。

6. 敏捷智能 BI 分析：灵活的 BI 分析功能结合智能决策引擎预测帮助用户做出最佳的授信决策。

（资料来源：上海风声企业信用征信有限公司）

市场信用产品案例 3

天翼风铃智能风控系统

一、企业介绍

天翼征信有限公司专注于技术创新和大数据在金融风控领域的产品创新应用。天翼征信以"科技赋能"为理念，结合运营商海量数据资源，应用机器学习、知识图谱、区块链、隐私计算等各类先进技术，针对风控场景，为金融机构提供"欺诈盾"等多款运营商特色大数据和征信产品。

二、产品介绍

天翼风铃智能风控系统是基于"运营商＋金融＋互联网"海量数据，综合应用集成学习、深度学习、知识图谱等先进机器学习算法，助力银行在新开户涉诈账户存量排查环节对诈骗行为事前识别，提前管控。在不影响银行业务的同时，减少新型典型网络诈骗案件发生，严格把控各类涉诈风险，切实保障人民财产安全。"欺诈盾"是由天翼征信自主研发的一款大数据风控产品。该产品依托中国电信大数据能力和金融科技创新优势，结合翼支付及天翼征信自身长期的风控和反欺诈实战经验，深度聚焦金融企业端客户，打造的具有运营商特色的高效风控方案，为客户安全保驾护航。

三、技术创新

1. 基于知识图谱的电信、公安、金融跨域大数据分析技术。
2. 基于深度学习的风控模型技术。
3. 基于混部技术的硬件资源部署技术。
4. 基于中间件的应用配置实时更新技术。

四、社会效益

1. 降低金融机构及客户交易的安全成本提高了欺诈犯罪的作案成本,扭转了电信诈骗案件逐年上升的态势。

2. 提供覆盖风控全生命周期的在线化产品服务能力,基于 API 接口的数据即服务(DaaS)以及基于业务场景的 SaaS。

3. 提高信息化水平促进知识产权发展自助式的实时授权存证、服务监控、自助报表、监控告警服务能力,提高监控预警及排障能力,主动监控由 5 分钟减少至 3 分钟,主动率大幅提高。

4. 带动国内运营商移动互联网加速创新技术的提升,提升移动数据源服务质量,降低 30% 的响应时长、提升 2%—5% 的查得率及准确率,围绕数据的获取存储、使用、销毁对测试数据进行安全加固。

五、产品定位

1. 为 B 端客户提供高效的、具有运营商特色的大数据风控服务。

2. 以用户明确授权为前提,严格保护用户信息安全应用场景——银行反诈场景以及银行反恶意逃废债场景。

(资料来源:天翼征信有限公司)

市场信用产品案例 4

海豚信用"一网通评"智慧信用监管平台

一、企业介绍

海豚行云(上海)科技有限公司(原上海海豚企业征信服务有限公司,简称"海豚信用")成立于2019年4月,注册资本5000万元,是以上海三零卫士信息安全有限公司信用与大数据事业部为基础,联合中电科国投(天津)创业投资合伙企业、上海普陀科技投资有限公司等单位投资的高新技术企业,是中国电子科技集团有限公司旗下唯一的专业信用科技公司。公司研发、交付、营销体系健全,拥有上海总部、华北、华东、华中、西北五大业务中心,致力于通过信用科技手段解决政府和企业的信用需求。多年来,公司始终致力于社会信用体系建设,成绩斐然,积累超过200个政府部门客户和企业客户。公司涵盖平台网站建设、信用咨询服务、场景建设运营、数据运营服务等方面。

公司未来目标是依托政府项目,挖掘数据价值,服务政府、企业(金融机构)、个人,发挥信用数据在社会生活各方面各环节的作用,使全社会都能感受诚信带来的获得感、幸福感、安全感。

二、产品介绍

海豚智慧信用监管平台是政府数字化转型下,运用互联网、云计算、大数据、机器学习、人工智能、隐私计算等现代技术手段,盘活政府部门数据资产,集数据应用、数据协同、数据共享、数据开放等全环节,提供市场主体评价模板化建模、综合评价和行业评价"一网通评",信息"协同共享"过程中数据"可用不可见",提供贯穿市场主体全生命周期以信用为基础的新型监管工具。该平台旨在优化营商环境,助推创新监管行业领域全覆盖。

三、解决的痛点问题

1. 数据是信用监管的基础保障,部门数据仍无法有效共享

基于数据隐私和安全角度考虑,内部数据不对外开放,形成一个个数据孤岛,无法提供强有力的数据保障。需要联通汇聚各部门、各类涉企信用监管数据。实现市场主体基础信息、执法监管和处置信息、失信联合惩戒信息等数据与相关部门业务系统按需共享。

2. 评价是信用监管的核心依据,缺乏信用科技专业力量

各部门无法有效快速建立本行业信用评价指标模型,精准研判企业信用风险,提高信用监管精准性。需要支撑行业主管部门实现公共信用综合评价和行业信用评价指标、模型、等级的自主配置,评价结果自动计算、自动分类,为信用监管工作提供精准的依据。

3. 结果共享是信用协同监管的前提条件,评价结果共享非常困难

各行业之间、各部门之间信用评价结果共享不充分,无法有效支撑部门间协同监管。需要实现评价模型、评价结果跨部门、跨行业信用协同监管,提升监管效能。

四、产品特色和应用成效

1. 产品特色

(1)"模板化建模",操作体验更简便

建模全流程引导式模板化,非专业建模用户可基于已有案例轻松搭建所需模型。

(2)"大数据+AI",监管评价更智能

基于智能算法与特征标签,向监管机构在海量数据模型库内推荐匹配度最高的指标与模型,让信用评价机制的建立过程更具有依据性与权威性。

(3)"自主化建模",行业评价更活跃

自主评价建模,形成部门评价报告。可查询本部门评价及参考他评结果,激活部门自发驱动型信用数字化应用。

（4）"全域场景化"，应用落地更灵敏

结合行业评价查询和共享，适用于各部门覆盖事前、事中、事后监管场景，有效驱动部门监管数字化落地。

（5）"隐私计算加密"，开放共享更安全

完整适配国产化操作系统、数据库、中间件和浏览器。隐私计算，数据可用不可见，以数促评，以评促归，实现信息数据良性造血机制。

2. 应用成效

（1）共生共识兼容行业评价与综合评价，有效保障"信用监管一盘棋"，优化社会营商环境。

（2）互惠共赢形成评价模型库，行业评价和他评互查共享升级迭代。

（3）共建共享基于公共信用信息数据基础，释放行业应用数字化转型动能。

（4）共查共管将评价报告为线索移交，解决部门协同监管难点。

3. 创新技术及特色

（1）基于隐私计算技术的数据"可用不可见"。通过隐私计算技术解决数据隐私和安全与数据共享和流通之间的矛盾，可以让各行业主管部门掌握的数据在安全保护的前提下，最大限度实现数据的价值挖掘计算。

（2）基于多维组合机器学习方法的评价模型自主配置。针对行业细分领域的精准应用模型构建，各行业主管部门可实现对本行业领域的信用评价指标模型进行自主配置（包括数据来源关联、计算规则等内容）、结果自动计算、自动分类，实现各类信用评价指标模型的统一管理，使相互间紧密衔接、有机融合。通过多维组合机器学习方法，从不同行业、领域、区域、应用方向等方面分析信用主体的行为和需求，精确对企业的信用风险特征进行刻画评分，给出评价指标模型改进建议。

（3）基于知识图谱的公共信用数据全域量化标签体系。采用基于知识图谱的精细化信用标签模型技术，构建公共信用数据全域量化标签体系，能够解决公共信用数据稀疏价值提取、汇聚与定量难题，从而实现支撑完整公共信用数据价值提取。

五、社会效益

1. 提升信用监管效能,优化营商环境,服务实体经济发展

有助于建立健全贯穿市场主体全生命周期,衔接事前、事中、事后全监管环节的新型监管机制,可以支撑各行业主管部门对市场主体开展分类监管、动态监管、精准监管,大幅提升信用监管水平,进一步规范市场秩序,优化营商环境,推动实体经济高质量发展。

2. 统筹建设有助于盘活数据资源、节约投资

信用信息系统建设涉及面广、技术要求高,统筹建设本系统,对数据归集标准化,以及推进应用闭环具有重要意义。通过信用应用共性功能集中建设,可避免各部门分别重复建设,既节省了投资,也能更有效地加强以信用为核心的事前事中事后监管支撑能力,有力地降低经济交易和社会活动成本。按每个单位资金需求100万元至200万元测算,资金需求预计3 000万元至6 000万元,统筹建设预计可节约资金60%以上。

3. 减少诚信缺失给经济社会发展和人民生活带来的经济损失

系统建设将进一步提升信用应用的广度和深度,推动逐步形成社会信用体系联动共治格局,提高全社会诚信水平,从而引导各类市场主体加强自律,守法经营,保持良好信用,提高经济运行质量和效率,形成倒逼市场主体遵纪守法、诚信经营的效果,提高社会经济质量和效率。

4. 进一步提升政府公信力,建设信用政府,助推城市软实力提升

诚信建设是提升城市软实力的必要条件,面向各行业主管部门的"一网通评"智慧信用监管平台建设有利于全面推进信用信息共享和应用水平,有利于提升政府公信力,有利于树立公开、公平、清廉的政府诚信形象。有利于经济管理部门及时准确地把握产业和宏观经济运行的相关信息,随时跟踪监测产业和经济运行态势,为政府部门的正确决策提供科学依据。

5. 进一步加快建设社会信用体系

推进社会诚信建设面向各行业主管部门的"一网通评"智慧信用监管平台,加快构建社会信用体系,以法律法规、标准和契约为依据,推动社会成员信用记

录广覆盖和信用基础设施功能全面提升。

6.进一步推进城市治理体系和治理能力现代化

建设面向各行业主管部门的"一网通评"智慧信用监管平台,可充分发挥政府的组织、引导、监管、推动和示范作用,更加高效地发挥市场机制作用,协调并优化资源配置,鼓励和调动社会力量广泛参与、共同推进。形成社会信用体系建设合力,从而有效地推进城市治理体系和治理能力现代化。

[资料来源：海豚行云(上海)科技有限公司]

市场信用产品案例 5

数智化智准营销平台

2020年,中国人民银行等八部委联合出台了《关于进一步强化中小微企业金融服务的指导意见》,强调落实中小微企业在新冠疫情后的复工复产信贷支持政策。为了满足中小微企业融资需求,区域金融机构面临在传统营销模式下,营销手段单一、潜在客户风险难识别、特定化行业及区域名单难收集等诸多痛点问题,亟须提升金融供给侧的金融科技"含金量"。

在新技术发展的背景下,金融机构迎来了新的机遇和挑战。伴随市场主体线上化转型提速,各地政府加快推进"一网通办"建设,数据要素成为推动经济高质量发展的核心引擎。

发挥数据要素倍增作用,服务金融数字化转型,成为众多金融科技公司的责任和机遇。上海安硕企业征信服务有限公司(以下简称"安硕征信")在此期间加快研发产品"数智化智准营销平台",布局无接触式智能化营销服务,建设线上化、智能化、数字化营销全流程闭环,实现传统营销拓客向数字化营销拓客转变,提升数字化营销成果转化。该项目充分发挥了"数字技术+数据要素"双轮驱动作用,实现企业需求与金融资源有效对接,降低成本助力企业抗疫纾困。

一、企业简介

上海安硕信息技术股份有限公司(简称"安硕信息",股票代码300380)成立至今一直专业从事信用风险管理领域的业务咨询、IT系统实施和内容服务,作为国内银行业信用风险管理系统领域的主要解决方案供应商之一,多年来一直在该领域保持较高的市场占有率。公司总部位于上海,在北京、重庆、深圳、苏州、厦门均设有子/分公司。

目前,安硕信息拥有系列化的信贷管理系统、风险管理系统、信托管理系统、网贷系统、供应链融资系统等自主可控的软件产品，多年来持续为各类金融及非金融客户提供业务咨询、系统开发与实施、数据服务等服务，包括国有商业银行、股份制商业银行、外资银行、城商行、农商行、农信社、信托公司、保险公司、证券公司、互联网。

二、产品介绍

"数智化智准营销平台"产品通过智能化、精准化、全面化数据与金融科技结合，充分利用深度学习、联邦学习、隐私计算等前沿技术，创新客户经理营销获客模式，推动银行客户经理科技化、信息化作业理念的革新，实现智能化筛选与推送式获客的有机结合，助力金融机构提供零接触式营销服务能力，产品在同业数字化营销建设中占据领先优势。该平台通过对中小微业务全场景、全流程的智能服务体系搭建，运用数字化营销、智能化风控和数据标准化处理能力，实现了目标客户筛选、营销机会发掘、授信尽调指引、业务风险揭示以及授信后风险管理的业务全流程辅助功能，赋能银行对公、小微业务的高质效发展等。

三、创新性

"数智化智准营销平台"以金融机构需求为导向、以科技创新为动力、以政策制度为保障，创新同业营销新模式，推动客户经理科技化、信息化作业理念的革新，提升金融机构科技创新超车的可能性，促进商业银行数字化转型建设。

（1）新基建智准营销，创新金融机构营销模式。利用大数据"云＋雾"计算模式、人工智能等新基建基础设施，运用隐私计算实现持续、合规外部数据触达，运用联邦学习实现营销模型搭建，实现"数据不出门，可用不可见"，促成了多端数据安全协作，全方位提升数字化、自动化、智能化水平，创新普惠金融营销模式。

（2）零接触智准营销，赋能营销获客场景。将智能化筛选与线上推送式获客有机结合，提供零接触式营销服务，整合、梳理市场目标主体库，根据行业战略布局、授信政策指引和风险偏好进行精细化市场细分。降低客户经理陌生上门、漫灌式扫街的盲目性，提升获客营销的准确性及营销风险防控能力。

（3）智能大数据治理，打造闭环营销数据生态。应用新基建基础设施技术，规划域内域外数据整合应用模式，综合挖掘大数据对于银行智能化营销场景应用价值。从根本上解决客户经理信息不对称、大数据处理难度大、无法高效应用等痛点。

（4）智能大数据应用，深化数字金融机构建设。将前沿技术在业务场景中应用，实现一体化闭环数据生态体系，提升数字化金融机构产品竞争力和便捷性，增强创新智准营销亮点，主动识别企业自身隐藏的风险及行业风险，充分做到营销和风险均衡把控。

四、经济社会效益

在经济效益层面，安硕信息旗下的安硕征信作为人民银行上海分行企业征信备案企业，利用产品创新，持续赋能国内金融机构的数字化建设。

该产品上线后快速投入市场使用，以某城商行应用效果为例，产品上线后为该城商行客户经理推送上万户企业，2022年发放科创企业贷款197户407笔，共计约26.23亿元。截至2022年底，科创贷款余额19.54亿元。大幅高于陌生拜访获客率，客户筛选规则可信度较高，效果较好，得到金融机构内部高度认可。

从社会效益层面，产品数字化赋能中小企业融资。安硕征信联合金融机构打造智能化筛选与线上推送式获客营销模式，提供零接触式营销服务，重点保障中小企业用款需求，一些轻资产创新型公司通过知识产权、供应链等信用特征增信，获得客户发放的"科易贷""知易贷""央行资金科创贷"等信用类贷款服务；一家农产品种植公司通过定向挖掘进入精准营销名单，获得80万元涉农贷款，解决了约13公顷土地的大棚资金需求。产品切实赋能地方实体经济发展，实现保障和改善民生、达成解决中小企业融资问题的实际效果。

五、示范性

该产品利用大数据"云＋雾"计算模式、人工智能等新基建基础设施，运用隐私计算、联邦学习等打造PC端、App端、Pad端多端闭环营销联动，向金融机构提供更为便捷的金融服务工具，实现了行内外数据的打通，使行内数据与外部数据快速连接,在业内具有先进性和落地性的示范性效果。

安硕征信作为在上海注册备案的征信机构,亦是长三角征信链联盟中的成员,也会将该模式尽快在长三角区域进行复制推广,实现区域能力辐射,为长三角实体经济赋能。

(资料来源:上海安硕企业征信服务有限公司)

市场信用产品案例 6

企鉴——为金融机构提供尽调辅助的智能服务

一、企业简介

上海水滴征信服务有限公司(以下简称"水滴")成立于 2015 年 8 月 31 日,注册于中国(上海)自由贸易试验区,注册资本为 6 250 万元。水滴是由母公司证通股份为向证券行业提供企业征信服务、数据服务所专门设立的绝对控股子公司。

水滴在大数据业务方面已经同 300 余家机构签约,实现对证券行业的全覆盖,并稳定提供服务三年。水滴面向企业需求累计提供 40 余种定制化产品服务,为几十余家机构提供工商、司法、行政处罚、诚信记录等定制化数据服务。水滴作为监管科技外部数据管理单位为证监会监管科技工作提供外部数据的调研、采集、加工、管理、应用等工作,并向中证信息等数家核心机构提供外部数据服务。

水滴打造"数据—模型—标准化接口—场景化服务"的能力,提供一个可扩展的行业开放性大数据交换平台。汇聚各类外部数据,覆盖行业数据标准与模型范围,通过单一或聚合的 API 接口、SaaS 网页或客户端的模式,为行业提供优质的数据原料、定制化的产品、成熟的数据库落地解决方案与实施服务。

二、产品介绍

水滴企鉴互联网服务平台软件(简称"企鉴")为投行尽调人员提供企业背景调查、上会送审及发行上市过程中的尽调辅助服务。方案权威、接入便利、安全稳定、服务可靠、行业赋能。通过数字化转型提升金融机构内部管理水平,增强合规风控能力,实现金融科技与业务发展相互促进、良性循环。通过整合多源外部数据,使用微服务架构,将核心产品功能模块化、原子化,形成具备独立产品特性并能灵活包装组合的模块产品。根据不同业务应用场景的需求,以模块产品为基础包装,为面向业务场景的数据应用产品打造品牌化的产品系列。

企鉴面向金融机构业务人员,提供尽调辅助的智能服务,聚合展现尽调所需的目标企业数据、监管审核意见、金融监管处罚等多维外部信息,提供全面、准确、及时的高质量数据一点查询。同时,企鉴支持上传投行尽调过程中所获取的非公开数据,进行内外数据整合比对、智能分析核验等,有效提高投行人员工作效率,减少人工重复性劳动,沉淀尽调审核经验。

三、产品创新点

1. 技术创新

产品使用微服务架构,各功能模块松耦合,可根据客户需求,选择适合场景应用的功能模块快速与客户的现有系统进行整合,实现低成本快速部署输出。目前根据业务边界将服务拆成了多个微服务模块,做到了服务解耦、独立开发部署环境、灵活扩展等。

2. 产品创新

(1) 银行流水分析:结合银行流水结构化数据和工商数据,完成业务的深入挖掘。

(2) 企业关系排查:一键同时找出待排查企业群与尽调主体的关联关系、疑似关系,减少机构获取"关系"信息的步骤。

(3) 关系路径报告:将关系路径用文字版Excel展示,满足机构形成纸质尽调底稿所需要的重要附件。

3. 业务创新

通过与投行业务沟通,银行流水分析深入挖掘月度收支分布、交易金额分布分析、自然人交易识别、现金交易识别、交易规模不匹配对手识别、注册年限较小的对手方、注册资本较小的对手方、第三方账套不匹配等业务点。

可以通过一键直接查询出尽调主体的关联关系、疑似关系,也可以对用户上传的重点企业进行关联,进行疑似关系的分析和排查。目前已经支持通过下载Excel的形式,展示相关联企业的路径、节点数、路径及投资占比关系。

(资料来源:上海水滴征信服务有限公司)

市场信用产品案例 7

纳入绿色生态价值理念的文旅企业评级方法模型

"双碳"目标是我国中长期转型发展战略，也是未来几十年经济社会发展的主攻方向。"双碳"战略的实施对经济社会发展的影响全面而深刻，将战略与实际结合，建立健全践行"双碳"行动的政策支撑保障体系，催生绿色发展活力，除了从源头上减少碳排放，建立碳交易体系，还需从财政金融政策上配套减碳降碳行为。为配合国家发展战略，顺应绿色金融的发展潮流，绿色债券应运而生，它是在普通债券基础上发展形成的一种创新型的债务融资工具。

既然绿色债券是一种旨在支持环保能源等环境友好领域的发展金融工具，那么作为伴生在绿色债券发行、销售、交易存续过程的绿色债券信用评级，为了适应绿色债券新阶段的健康发展，评级也有必要从早期单纯的贴标绿色评级进化发展成匹配新环境要求的主体绿色评级。

2023年以来，随着社会面交流的全面开放，各地恢复经济活力的需求尤为迫切。文化旅游行业是目前恢复力度较强的经济领域。由于文化旅游在绿色生态价值方面存在天然诉求，本次特地选取文化旅游行业，在评级方法和模型中纳入更多绿色理念，从贴标绿色评级向主体绿色评级进行创新升级。

一、企业简介

远东资信评估有限公司成立于1988年2月15日，是中国第一家社会化专业资信评估机构。远东资信开辟了信用评级领域多个第一和多项创新业务，为中国评级行业培养了大量专业人才，并多次参与中国人民银行、国家发展改革委和中国证监会等部门监管文件的起草工作。

远东资信资质完备，拥有中国人民银行、国家发展改革委、中国证监会、中国银行间市场交易商协会和中国保险资产管理业协会等监管部门和行业自律机构认定的全部评级资质,已实现境内市场全牌照经营。2020年,按照《信用评级业管理暂行办法》和《证券服务机构从事证券服务业务备案管理规定》的要求,远东资信完成中国人民银行和中国证监会的首次备案。2022年9月21日,远东资信获评绿色债券标准委员会认证的绿色债券评估认证资质。

二、案例概况

本次绿色评级创新,从行业定义上,将原有的旅游行业基础扩大到文化旅游的大文旅范畴,即以文化旅游资源为支撑,满足人们的文化旅游消费需求为目的的服务行业。对受评企业主体的评估,本身包含了环境、社会和公司治理(ESG)要素,并强化生态环境价值对文化旅游行业的绿色发展引导。而在生态系统生产总值(GEP)日益得到重视和推广的背景下,本次信用评级方法在运作过程中,将区域的生态物质产品价值、文化旅游类服务价值、调节服务价值纳入调整因素,考察生态环境对文旅行业发展的影响。

为了在稳定中求创新,本次文旅行业绿色评级方法的思路和框架与目前通行的评级方法逻辑保持一致,在基本信用状况评价的基础上,考虑环境、社会和公司治理等评价调整因素。其中,在个体评价的定性要素中,根据文旅行业先天依托"山水林田湖草沙冰"的自然特点,设置了"文旅资源禀赋"的定性指标。生态环境是资源禀赋的重要组成部分,对于文化旅游企业,优良的地区生态环境对文旅行业发展的促进作用很大,而生态系统生产总值是地区生态环境的定量刻画,添加生态系统生产总值核算作为定性指标资源禀赋的调整项,将区域的生态物质产品价值、文化旅游类服务价值、调节服务价值纳入考察因素。

三、特色优势

本评级方法与模型既包含了环境、社会和公司治理要素,并强化了生态环境价值对文化旅游行业的绿色发展引导作用;在生态系统生产总值核算逐步推广的背景下,本评级方法与模型将区域的生态物质产品价值、文化旅游类服务价值、调节服务价值作为调整因素,考察生态环境对文旅行业发展的影响。

过往的实践证明,赋予金融产品价值引导作用,可以有效指引债券募集资金流向国家政策鼓励的方向和领域,促进社会、经济和谐发展,在实现经济目标的同时尽可能兼顾和达成社会价值目标。纳入绿色生态价值理念的文旅企业评级方法和模型,就是依托信用评级技术基础的绿色可持续发展创新。

（资料来源：远东资信评估有限公司）

市场信用产品案例 8

"信用制度＋数据措施"助力养老综合监管精准有数

如何守住涉及人民群众生命健康安全领域的"红线",解决养老服务机构监管中的难点堵点,如"机构信息核实缺乏数据;运营风险无法动态跟踪;开展非法集资等现象仍然存在;日常运营质量难以常态监管,跨区域机构经营失信行为难以识别;失信成本低,在一个地区被查处,换一个地区重新设立"等,推动养老服务创新发展、提高养老服务质量,通过信用监管实现养老服务领域治理转型,让社会经济行为公开、透明、规范运作,给有能力、有意愿的参与者提供公平机会,形成营造行业公开、公平、公正的市场环境。

一、企业简介

上海仁馨健康管理咨询有限公司(以下简称"仁馨健康")成立于2013年6月,致力于为中国各级政府和国内外企业提供具有前瞻性、创新性和实操性的研究咨询服务。其主要业务领域有养老服务体系规划、养老行业标准化建设、区域养老产业发展、政策研究、企业战略咨询定位、投资咨询与管理、行业推广、培训等。仁馨健康综合研究成果超8000万字,与国内外17家专业培训单位合作,提供各类养老培训课程28类;每年培训养老专业人员超过1200人。仁馨健康旗下拥有"智库养老""上海养老网""爱居家""养老九问"等品牌。

仁馨健康目前是长三角养老协会联合体常设秘书处、上海市养老服务行业协会专家咨询委员会、医养结合专委会秘书处及上海中医药大学医养结合示范基地。

二、实际做法

1. 整合数据

建立养老机构信息数据的归集、共享和使用机制,实现民政与住建、市监、卫健、公安、房管、消防等业务系统的互联互通,基于全向实时汇聚政府部门、大数据服务商、互联网、新闻舆情等渠道的机构相关风险信息,并对根据所属区域、机构类型等维度进行统计分析。

2. 开展评价

根据2022年1月《上海市养老服务机构信用评价管理办法》(以下简称《办法》)对我市行政区域内全部养老机构、长者照护之家和日间照料中心及其重点关联主体进行信用评价,按照《办法》定期向社会公示信用等级为A和D的机构名单。提供区域、个体等不同维度的信用评价报告给政府部门和机构主体。

3. 监测预警

根据机构运行特点和监管需求,制定机构信用风险监测预警规则,形成机构信用风险特征规则池,明确机构信用风险监测中的关联主体范围、监测数据维度、风险预警条件等,开发机构信用风险预警模型,对机构的信用风险事件进行预测,根据风险发生概率输出机构风险分,形成信用风险监测预警体系。

4. 信用穿透

根据法人(负责人)关联、股东关联、投资关联、分支关联、集团关联等类型,形成每一家养老服务机构的重点关联主体名单,并将关联主体的信用风险信息嵌入养老服务机构。

三、运行成效

仁馨健康实现综合监管、重点监管、信用监管、"双随机、一公开"监管、联合执法等提供分级分类的评价支撑;实时生成并推送机构信用风险监测预警信息和报告,对机构的服务和监管精准有力,降低了治理成本,提高了监管能级;建立以信用为核心的养老服务行业新型监管机制,有利于积极应对人口老龄化,统筹养老服务领域"底线民生"和"质量民生"。

四、经济效益

本项目的开展使监管机构具有信用评价和风险监测预警双重手段实施信用监管,具有降低市场运行成本、减少行业风险敞口的经济效益。信用监管是深化

"放管服"改革的重要举措，是优化营商环境的重要保障。养老服务机构信用评价结果和风险信息预警推送是推进养老服务供给侧结构性改革的重要抓手。在新形势下，要释放养老服务供给侧的活力，就要对评价等级较低的机构和产生风险预警事件的机构采取信用约束手段，改善"劣币驱逐良币"的不良市场竞争环境。

五、社会效益

本项目的开展使监管机构可以借助信用分级分类监管的手段和风险预警信息的推送结果，加强行业监管部门利用信用监管规范行业发展，提升市场守信的社会效益。加强信用体系建设，培养良好的社会信用氛围，是市场发展的必然要求，也是构建社会信用体系的重要方面，信用监管为监管机构不断提高管理效能、提高竞争能力、降低信用风险水平提供抓手。

仁馨健康的养老服务经验在上海已经实施 2 年以上并取得了政府监管和机构良性成长的效果，适合在长三角地区进行推广复制，下一步将从此行业在长三角实现《办法》规制、数据标准、评价模型和互认互信等方面统一、协同。

（资料来源：上海仁馨健康管理咨询有限公司）

市场信用产品案例 9

构筑信用数智支撑　深化多跨场景应用
——企业信用风险模型赋能浙江打造优质营商环境

2018年,全国市场监管工作会议正式提出要推进企业信用风险分类管理,实现监管资源合理配置和有效利用。同年,长三角地区成为国家发展改革委批复的全国首个区域信用合作示范区。浙江省在扎实推进企业信用风险分类管理的实践中,发现重点领域的风险分级分类与信用风险分类的逻辑关系不够清晰,导致通用信用风险分类与重点领域风险分级分类的结合应用缺乏基础与共识。

2019年开始,浙江省率先在特种设备安全领域进行分类结果融合应用的探索,并推动专业领域认同"通用＋专业"融合模式,初步构建形成统一的企业信用风险分类管理逻辑框架。2022年1月,市场监管总局印发《关于推进企业信用风险分类管理进一步提升监管效能的意见》,要求在市场监管系统全面推进企业信用风险分类管理,推动构建信用导向的营商环境。浙江省市场监管局在全省全面推进专业领域分类模型建设,赋能信用风险分类管理。

一、企业简介

浙江汇信科技有限公司(以下简称"汇信科技")成立于2003年11月,作为网络身份服务商和信用服务商,致力于让网络更诚信。面向政府部门、金融单位、第三方机构提供完整的"互联网＋可信认证""信用＋精准监管""信用＋科技金融""信用＋企业服务"产品与解决方案。

作为国内首批获得中国人民银行企业征信业务经营备案证的网络信用服务商,汇信科技通过云计算、机器学习等技术,全面打通数据获取、数据处理、数据服务环节,为客户提供全方位的信用服务,涵盖企业征信、社会信用体系建设等领域。凭借独有的技术优势,汇信科技为政府单位、金融机构等部门提供数据采集、数据整合和数据云服务,应用于金融信贷、风控预警、精准扶持、综合监管等各类场景。

二、案例概况

围绕浙江省市场监管局推进企业信用风险分类管理的工作核心,聚焦市场监管领域的痛点难点问题,汇信科技基于"技术＋业务＋应用"三层逻辑架构,设计信用风险指标体系,创新构建"企业信用风险模型"。该模型充分运用了大数据、机器学习、智能算法等新技术手段,采用"自反馈＋双验证"的创新设计模式,通过对深层次的数据挖掘,实现对企业常规信用风险的智能化监测和预警,同时将企业信用风险分类结果作为开展双随机抽查的重要依据,实现对企业信用风险等级的智能化、精准化分类管理。

"企业信用风险模型"目前已接入浙江省"互联网＋监管"系统,应用于"双随机、一公开"、专项检查、智联查、风险核查等监管场景,有力激发信息数据价值赋能多元业务场景应用,助力实现分类监管、精准施策,有效做到对守信者"无事不扰",对失信者"利剑高悬",显著提升了监管的科学性、靶向性、精准性和智能化水平,优化了营商环境,为持续打造有标识度的"有感服务、无感监管"浙江模式奠定了坚实基础。

三、特色优势

1. 科学的指标体系设计

"企业信用风险模型"指标体系的设计贯彻高质量发展理念,基于海量数据,通过有监督学习方法的人工智能算法,充分结合相关业务部门的已有信用评价结果,从基本信息、经营动态、关联关系、监管信息和社会评价5个维度收集并细化指标项,最终形成5个一级指标、35个二级指标、152个三级指标的指标体系。

2. 专业的分类模型算法

"企业信用风险模型"是一个有监督的机器学习模型,并且是一个分类模型,综合集成了基于知识图谱的关联关系算法、距离的聚类分析算法、决策树算法的优势,可以有效满足多变的市场需求,帮助企业在不确定的商业环境中做出明智的决策。

3. 智能的便捷化应用

"企业信用风险模型"充分利用机器学习算法对大量企业相关数据进行了深入学习和训练,是一个高度智能化和自动化的风险评估系统。

(1) 数据自动化处理。模型具备自动处理大量数据的能力,以适应不同的数据集和业务场景,为风险评估提供更加精确的依据。

(2) 自我学习和优化。模型结合了机器学习算法,可通过持续学习不断提升评估的准确性,并在面对新情况时快速适应,保持高效的预测性能。

(3) 自动化风险评估。模型能够根据企业的历史数据和财务指标等信息,自动生成全面的企业信用风险评估结果。

(4) 风险预警和监控。模型具备实时监测企业信用风险变化的能力,一旦发现风险情况有变化,它将及时发出预警。

4. 稳定、高效的成熟度

从最初的探索到现在,"企业信用风险模型"已历经四个版本的迭代升级,并已经在浙江省的企业主体中进行了实践验证,在过去的五年里稳定运行,建模快、易部署,成熟度非常高。

四、建设成效

拓宽信用分类结果应用。2022年以来,全省市场监管部门75.16%的"双随机"监管任务关联企业信用风险分类结果,检查C、D类企业11 724户次,问题检出率48.68%(动态数据)。后来依托行政执法平台,特种设备、食品经营、食品生产、外卖商家领域703个"双随机"监管任务以"通用＋专业"模式开展,检查企业6 741户次,问题检出率20.23%。其中,食品领域检查3 321户次,问题检出率23.40%;特种设备、食品经营领域的13个专项检查任务以"通用＋专业"模式开展,检查企业410户次,问题检出率25.37%。

五、创新举措

1. 建立信用风险报告制度

引入智能化机器学习算法模型,实现对企业信用风险的发生规则、关联关系及演进路径的精准识别,可自动生成企业信用风险报告,并可深度分析形成行业信用风险报告、区域信用风险报告等。

2. 创新信用分类监管机制

基于对企业信用风险的实时、精准评测结果以及企业信用风险报告,结合信用标准分类,优化信用分类监管流程、创新信用分类监管机制。

3. 制定企业信用风险监测标准

牵头开展了《企业信用风险管理体系》地方标准和国家标准制定工作,以标准的形式向企业提供符合国情,满足社会对企业诚信要求,具有技术可操作性、科学化、系统化的信用风险监测标准。

4. 构建信用监管智慧生态闭环

基于企业信用风险模型的深度场景化应用,形成市场监管部门和专业监管部门协同、第三方参与的齐抓共管的信用监管新格局,共同推动信用体系建设,打造信用监管智慧生态闭环。

(资料来源:浙江汇信科技有限公司)

市场信用产品案例 10

浙江省电力数据双碳绿色信用应用方案

双碳绿色信用评价产品，是对企业的绿色低碳状态、节能降碳行为、减碳潜力、绿色技术、生产工艺等在绿色低碳领域的现状、参与贡献度与未来潜力的综合信用评价。双碳绿色信用评价可应用于企业双碳绿色信用报告中的综合评价与分析。

一、企业简介

浙江浙里信征信有限公司（以下简称"浙里信"）成立于 2020 年 5 月 26 日，是由浙江金控旗下天道金科股份有限公司出资成立的国有控股企业，于 2021 年 12 月完成中国人民银行企业征信机构备案。

浙里信依托于浙江省企业信用信息服务平台，通过对中小微企业的政务大数据、市场大数据、产业生态数据等多重数据进行整合应用，运用数据治理和信用工程等核心能力，将企业多维度、全周期的信息数字化、信用化，为企业、金融机构和政府机构提供征信服务、风控模型输出、特色金融创新、风险监测预警等综合服务，致力于成为数字信用专家。

浙里信重点打造浙江省企业信用信息服务平台，积极对标长三角区域一体化国家战略和长三角征信一体化战略，走出浙江，服务长三角，为全国提供服务支持小微企业高质量发展的浙江经验，推动国家社会信用体系建设与完善。

二、项目过程

1. 碳数据共享与治理，归集企业能源消耗（用电）、发电量及清洁能源上网电量、生产经营状况、碳排放测算、碳减排核算等碳信息数据。

2. 碳指标体系构建，结合碳领域与金融领域专业知识，挖掘有价值的碳信息指标,设计双碳绿色信用指标体系;利用归集的碳数据建立双碳绿色信用指标数据集市,并建立指标体系与数据集市的维护与更新优化机制。

3. 双碳绿色信用评价模型,模型输入数据集市中的碳指标,对企业绿色低碳与节能减排等维度的综合评分;在业务开展初期,模型建设采用层次分析法(AHP)等知识型数据驱动的方法进行模型选型与研发,在业务开展有一定数据积累后,可尝试采用统计学习数据驱动的方法进行模型的优化迭代升级。

4. 双碳绿色信用评价服务,企业双碳绿色信用报告应用于企业的绿色低碳与节能减排等维度的综合评价及评价结果分析。

5. 双碳绿色信用评价优化,业务数据沉淀,在业务开展过程中,积累沉淀模型表现与市场反馈数据,根据模型表现与市场反馈优化升级双碳绿色信用评价体系。

6. 当前企业碳账户金融处于行业发展早期,大部分企业和金融机构对此概念陌生,主要表现为对碳账户、碳账户金融理解不深,不能在实际业务中应用此类概念。企业碳账户金融的建立,是一个在探索中曲折前进的过程。对于企业碳数据的定义、收集、加工处理、指标探索都需要进行从零到一的建立和发展。

三、浙江省碳减排、碳中和面临的问题

1. 涵盖行业广,石化、化工、建材、钢铁、有色、造纸、电力、航空八大行业及近20个子类行业企业;

2. 年碳排放量大,达到2.6万吨二氧化碳当量,年综合能耗达到1万吨标准煤当量;浙江现有1600余家重点控排企业,而规上企业更是超过4万家,控排压力大;

3. 碳排放强度高,能源消耗高,碳排放量占工业企业达75%以上,控排企业碳排放量占比高达72%;

4. 存在碳排履约执行风险,纳入强制碳排放交易市场、分析预测管理能力不足等导致碳排履约风险;

5. 转型难度大,需要政策与金融支持。

四、浙江省企业碳账户金融建设面临的问题

1. 碳信息数据采集不统一，表现为碳账户主要由政府建设，但省级和地市层面尚未将碳信息数据统一归集，主要数据仍散落在各数源部门和企业之中。

2. 碳信用评价不统一，未建立统一的评价标准，各地金融机构无法依据企业碳信用评价，特别是较难依据工业企业的碳评价进行金融服务。

3. 缺乏碳账户金融等资源引导机制，金融机构缺乏创设碳账户金融创新产品的依据和方向。

4. 缺乏碳治理检测反馈闭环，缺乏统一的碳核算及碳信用评价，降低了地方政府治理检测能力。

5. 部分关键碳信息存在隐私保护与共享间的矛盾，亟须技术进行化解，如企业工业增加值、税务信息和企业技术工艺等核心碳信息，出于法律合规和隐私保护等无法共享，但这些信息对于测算单位碳排放、碳减排监测尤为重要，因此需要技术攻关解决这些难题。

6. 碳信用是金融机构碳账户金融的核心依据，存在加强数据安全及可追溯性的问题，金融机构对于碳数据安全性、碳信用认可度仍存在一定顾虑。

7. 中国人民银行资金—碳减排支持工具可为清洁能源、节能环保、碳减排技术等重点领域内的各类企业提供碳减排贷款，该申报目前依靠商业银行线下手工填报、央行线下人工审核的方式，存在央行和商业银行在项目上信息不对称的问题，主要表现为碳账户数据不对称、评价标准不一致、申报审核效率较低等问题。

五、实践效益

1. 建立跨部门、数字化的碳信息共享机制，解决绿色低碳识别难、成本高的问题。

2. 绿色低碳项目与重点排放企业绿色融资高效对接，促进银企绿色融资对接，支持企业绿色低碳发展。通过碳账户金融工程支持浙江省每年新增绿色信贷增长10%。

3. 积极推动央行碳减排专项支持工具的对接，落实央行低成本政策资金对

低碳减碳的精准支持，为浙江省争取更多的绿色低息资金。通过碳账户金融工程每年为浙江省争取500亿元。

4. 构建金融支持碳达峰、碳中和的监测分析、成效展示、考核评估等应用，同时完善中国人民银行政策资金对接、评估、公示、监督、纠正和惩戒的管理闭环，从宏观上清晰地把握金融支持浙江省碳达峰、碳中和工作的成效。

5. 按照"一地创新、全省共享"的原则，开展省市平台碳账户金融复制推广，实现信息全省贯通和共建共享。

6. 为企业提供碳分析预测及管理服务，享受碳减排政策，推广行业碳减排技术等。

7. 为政府提供碳效益监测，为碳政策制定、兑付提供决策依据。

8. 为产业园区提供零碳产业园支持，实现园区碳账户资产管理，帮助企业通过能效技改、碳减排实现零碳园区，对标同行业碳排放强度，园区产业优化升级并与ESG环境信息披露接轨。

9. 为金融机构提供完善的评价体系，有利于金融机构开发基于碳账户信息的专项金融产品，实现差异化授信和贷款定价。

根据国家双碳政策、项目运行特点和运营效果，同时结合金融机构参与的实际情况，项目将提高金融机构效率，提供碳账户金融业务参考依据、落地金融支持配套政策，为企业提供多种碳账户金融产品、并为符合条件的企业争取利率上的优惠。

六、运营推广发展目标

1. 短期目标的推广方式

项目建成投产上线后，由牵头主管部门召集各商业银行进行宣导会，各家机构在平台开立账号，发布产品，平台运营人员共同进行线上线下运营，企业通过平台完成碳账户金融订单融资。到2023年底，完成50家金融机构上线100个碳金融产品，融资规模突破50亿元。

2. 长期目标及推广方式

通过向11个地市平台复制推广，并最终实现省市县三级全覆盖，引导商业银行主动宣传引导企业客户通过平台完成碳账户金融融资,让更多企业通过线上一键申请,平台建立"1352"融资响应机制对商行接单时间机制,即"1个工作日内受理融资申请、3个工作日内安排客户经理对接申请人、5个工作日内完成授信审批手续、授信审批后2个工作日内在平台反馈结果",预计到2024年底,完成183个金融机构全覆盖,融资规模突破500亿元。

(资料来源:浙江浙里信征信有限公司)

市场信用产品案例 11

有数科技绿色金融信息化解决方案
"信用＋大数据"科技助力"双碳"高质量发展

一、背景介绍

2020年我国提出碳达峰、碳中和目标后，绿色金融再度成为国家发展、大众关注的焦点，为了实现"双碳"目标，绿色金融作为重要手段和政策被寄予较大希望。但金融机构在落实绿色信贷过程中，存在绿色金融项目识别难、绿色信息不对称、绿色金融的风险预警滞后等实际困难。

1. 绿色金融项目识别难

绿色信贷业务需要对环保政策法规、绿色产业行业标准及相关专业知识有一定掌握，但当前大部分银行信贷队伍知识架构还比较单薄，不足以支撑绿色项目的专业判断，容易存在仅靠判断企业是否属于绿色行业而"一刀切"，导致部分非绿色行业的企业在从事绿色项目时获取绿色贷款的难度增大。

2. 绿色信息不对称

金融机构想找到有明显环境效益的绿色企业或项目进行投资，这对企业的碳排放、用能信息披露的要求很高，金融机构的调研和分析存在重复、低效的现象，导致绿色金融服务响应不及时、服务不精准等问题。

3. 绿色金融的风险预警滞后

银行为企业和项目提供了较高额度、较低利率的绿色金融信贷服务后，需要实时动态监测企业环境气候风险，防止由于环境污染处罚、高碳产业转型等带来信贷风险，推高金融机构不良率。但是由于缺乏有效的评价模型和多维的数据，让银行实时监测企业的环境风险变得十分困难。

二、企业简介

浙江有数数智科技有限公司(以下简称"有数科技")创立于2015年,是一家专业的产融数智化服务商,基于数据、模型和技术能力,为金融、政府、产业场景提供特色的数智产品和解决方案服务,助力数字经济高质量发展。公司总部位于浙江杭州,并在广州、武汉等设有分支机构及办事处,主要投资人股东有清华长三角研究院、华睿投资、盈动资本,上市公司拓尔思(300229)、每日互动(300766)等。主体公司浙江有数数智科技有限公司是国家高新技术企业、省级高新技术企业研发中心、浙江省专精特新企业、浙江省大数据应用示范企业、杭州市专利示范企业,并通过了中国人民银行企业征信备案、公安部国家信息安全等级保护三级认证。

三、核心优势

1. 数据优势

有数科技自有底层企业数据库覆盖了全国3.3亿多个市场主体,其中包括9 305万多家工商企业,数据具有高时效性和高准确率,解决客户评估企业绿色项目过程中缺乏实时数据的难题,为绿色金融综合服务打好坚实的数据基础。

2. 专业能力

有数绿色金融研究团队从2018年以来一直深耕绿色金融领域,整合国内外大量文献,研究出一套适合国内大部分企业的绿色评价模型,帮助银行补齐对企业绿色项目评估的短板。

3. 实践经验

有数科技在过往实施案例中积累了丰富的项目经验,包括底层数据基座的搭建、绿色评价模型及相关应用。

四、产品服务

1. 绿色评价模型

针对金融机构所能获取的企业客户信息数据存在覆盖度不够、可信度欠缺、信息碎片化等问题,有数科技协助金融机构建设完善的绿色评价体系,帮助金融机构实现对企业客户的环境表现、社会责任和公司治理进行科学的评估。

该模型服务围绕银行自身绿色业务属性及评价目标,结合多维企业数据与风险指标评估,并根据不同行业在绿色信息披露方面的侧重差异对企业进行全面的自动化评分,同时可以根据客户需求加入个性化指标,保证评级的客观性与连续性。

2. 绿色识别服务

有数科技深度挖掘企业经营范围、产品、专利等底层数据,通过自然语言处理技术结合数据模型对企业涉及绿色业务的可能性进行关联分析比对,帮助客户实现绿色企业的识别、认定与归类,支持金融机构应用在授信评估、监管报送等场景应用。此外,按照国标行业与《绿色产业指导目录(2019年版)》3级分类的映射关系,将目标客户的国标行业与《绿色产业指导目录(2019年版)》进行映射,然后根据关联性量化结果对行业映射结果进行排序,为营销人员提供更为准确的营销方向,进一步提升绿色贷款的投放效率。

五、经济效益

目前平台注册企业5.2万家,其中已有3.9万家企业完成授信,共计获得4 562.11亿元绿色贷款,且在全国的绿色金融改革中展现了良好的示范效应。

目前有数科技的绿色金融信息化解决方案在银行、政府层面均有成熟的实施落地案例,不但用"信用+大数据"科技推动绿色金融资源整合、产融良性互动,以此为基础帮助客户全方位监测区域金融环境和经济发展趋势,而且不断探索企业端的落地应用,如帮助某国企设计绿色评价模型,通过对供应商企业的绿色指标进行定量评价,从而帮助精准识别绿色的优质供应商,推动绿色采购的应用场景实践。

六、社会效益

深入贯彻绿色发展理念,实现碳达峰、碳中和是一场广泛而深刻的经济社会系统性变革。

有数科技作为专业的产融数智化服务商,发挥科技赋能的专长,依托数据、模型和技术能力,摸索出一套当下适用的绿色金融信息化解决方案,通过研发绿色识别、绿色模型、风险管理等产品与服务,助力绿色金融数字化,以"信用+大数据"科技助力"双碳"高质量发展。

(资料来源:浙江有数数智科技有限公司)

市场信用产品案例 12

"信用浙品"模型构建与创新应用

"信用浙品"模型构建与创新应用由两山政品云科技(杭州)有限公司牵头,并联合浙江省信用协会标准化委员会、浙江大学生态产业联盟,紧紧围绕"信用＋标准"赋能区域高质量发展这条主线,构建"标准引领、五维助力"的"信用浙品1＋5"模型,并依托浙大系、浙商系力量,推动"信用浙品"体系的创新应用,形成具有多重价值和立体效应的浙江信用标准化品牌,从而助力乡村振兴、赋能企业发展、促进共同富裕,服务信用浙江、信用长三角、信用中国发展大局。

"信用浙品"模型是一个初具特色的信用标准化建设体系,核心是"标准引领、五维助力",目的是改善信用缺失、信任不足的局面,让产品与用户之间建立强信任关系。通过《"信用浙品"评价规范》团体标准的制定与引领,加之技术接入、品牌挖掘、渠道对接、数字赋能、资本介入产业整合5个维度共同发力,让标准真正落地,使企业更具核心竞争力,为区域高质量发展激发新活力。

一、企业简介

两山政品云科技(杭州)有限公司成立于2019年11月19日,是团体标准建设的全程伴飞服务商。公司以标准建设为引领,从技术接入、品牌挖掘、渠道对接、数字赋能、资本介入产业整合5个维度赋能中小企业,助力区域高质量发展。

联合浙江省信用协会标准化委员会、浙江大学生态产业联盟,紧紧围绕"信用＋标准"赋能区域高质量发展这条主线,构建"标准引领、五维助力"的"信用浙品1＋5"模型(以下简称"信用浙品"),依托全国最全标准的信用链大数据平台和完善的市场团队,为客户提供全方位的解决方案,通过帮助最终用户及企业实现可持续发展。

二、解决问题

1. 制约失信行为,维护社会经济秩序

"信用浙品"构建与创新应用,旨在探索加快建设信用标准化体系的创新路径。通过标准化的信用制度制约失信行为,对防范和化解市场交易风险,促进市场的稳定和发展,维护正常的社会经济秩序,保护群众权益,推进政府更好地履行经济调节、市场监管、社会管理和公共服务的职能,具有重要的现实意义。

2. 降低交易成本,提升竞争力

"信用浙品"标准化建设可以减少市场中的交易成本,完善市场信用体系和标准化体系建设,降低政府对企业的管理成本。其也可以改善企业的发展环境,提高区域综合竞争力,进一步满足人民对信用环境的需求。

3. 提升经营效率,促进资源优化配置

"信用浙品"构建与创新应用是供需有效衔接的重要保障、资源优化配置的坚实基础、良好营商环境的重要组成部分。"信用浙品"标准化建设能进一步提高企业经营效率,加快产业发展,促进浙江省"信用浙江"标准化行业规范体系的建立,推动社会综合治理效率提升,促进政务精细化。

三、产品成效

2022年11月项目成立以来,"信用浙品"先后完成团体标准《"信用浙品"评估规范》的正式立项,落实"信用浙品"课题组样本基地12家,聘任智库专家12位,举办"信用浙品"主题沙龙12期,发展"信用浙品"监督官、品监官、推荐官20余位,服务企业200余家,受到专家、企业及政府的广泛好评。

1. 研制《"信用浙品"评估规范》通用型团体标准

坚持高标准谋划、高质量起步,"信用浙品"优选中国计量大学标准化研究院优秀专家及团队,共同研制《"信用浙品"评估规范》通用型团体标准,并与浙江中天恒筑钢构有限公司、浙江有戏企业咨询管理有限公司、浙江裕阳知识产权代理有限公司、桐乡市乌镇泰丰斋食品饮料有限公司、山行(浙江)农业科技有限责任公司等100余家沙龙参与企业和浙江省中小企业协会、浙江省中小企业经济发展促进会、温州商会、龙岩商会等10家协会展开联系。"信用浙品"发动企业积极参与"信用浙品"系列团体标准研制，使《"信用浙品"评估规范》通用型团体标准更加具有广泛性、代表性和说服力。

2. 围绕主题，开展信用活动

坚持大力度推广、大面积应用，密集实施"信用浙品"县区行、"信用浙品"联百企、"信用浙品"进乡村等系列行动。围绕"信用标准引领、三产融合发展"主题，"信用浙品"与国药严选、七月留白联合开展了"信用浙品与浙江文旅 IP 打造"主题沙龙。围绕"标准引领、五维助力"主题，"信用浙品"与桐乡市乌镇泰丰斋食品饮料有限公司共同举办了《省信用协会会员单位开放日活动暨"信用浙品"走进老字号主题沙龙活动》。围绕标准创新型企业培育，"信用浙品"与浙江中天恒筑钢构有限公司、杭州德福线缆有限公司协同开展了《省信用协会会员单位开放日活动暨信用赋能新材料新基建主题沙龙》。围绕信用赋能乡村振兴，"信用浙品"与山行（浙江）农业科技有限责任公司一同举办了《数字农业与"信用浙品"》主题沙龙等 11 期活动。这些活动向更多的受众展示了"信用浙品"，让更多的伙伴感受到信用和标准的力量，让信用意识和标准意识深入人心。

3. 多角度、多领域打造"信用浙品"影响力

"信用浙品"与中国建筑材料流通协会合作，探讨联合打造建材流通领域的"信用浙品"团体标准，提升建材流通和家居行业产业链供应链的发展质量。"信用浙品"和浙江省中小企业协会乡村振兴专委会就"信用浙品"赋能企业发展、助力乡村振兴、促进共同富裕等开展系统合作。目前正在推进"信用浙品"赋能诸暨市赵家镇世界重要农业文化遗产—千年古香榧产业、"信用浙品"赋能平湖独山港万亩稻海、"信用浙品"赋能余杭"农享科技谷"等合作。"信用浙品"与龙岩商会、温州商会约定携手落实"信用浙品"样本基地 8 家，包括泰丰斋老字号、彭公数字农场、千岛湖鱼儿的家、德清百源康等，赋能商会企业、地方产业发展不断增强"信用浙品"团体标准社会影响力。

"信用浙品"搭建完成了包含信用承诺、信用合规、信用修复、信用服务、结果运用、知识产权等各个维度的信用标准化体系矩阵。"信用浙品"用"标准引领、五维助力"方式，即标准构建、占据主动，技术介入、品质提升，文化挖掘、品牌提

升,渠道对接、扩大市场,全程溯源、安全可信,资本介入、产业整合等立体化、系统化锻造产品。通过产业链聚合、作业链分工、价值链共创,不断积累信用标准的需求客户,不断积累技术、资本、渠道、品牌、数智等生态服务能力,实现"信用浙品"通用标准10家示范、100家应用、1 000家联动的效果,并形成可复制的经验供长三角乃至全国借鉴应用。"信用浙品"力争成为具有长三角地区高辨识度的助力乡村振兴、赋能企业发展、促进共同富裕的金名片。

[资料来源:两山政品云科技(杭州)有限公司]

市场信用产品案例 13

至信云创运营管理服务平台
——信用赋能园区运营，打造示范信用园区

江苏未至科技股份有限公司为打造满足园区运营的数据底座，基于园区信息资源目录，对数据资源进行统一规范和管理，形成企业数据、政府数据、园区数据等信息资源库，对数据进行全生命周期管理，深化数据利用，加强数据整合能力，提高园区整体运营决策能力。

一、企业简介

江苏未至科技股份有限公司（以下简称"未至科技"）成立于 2009 年，是国内最早涉足社会信用体系建设的高新技术企业、国家发展改革委首批 26 家综合信用服务机构试点单位之一。未至科技基于信用信息化、大数据分析技术与云计算应用创建产品体系和解决方案，是一家面向政府、行业协会、商会、企业机构等提供信用体系建设咨询及综合解决方案、信用评价、金融交易、企业风险管理综合解决方案等多维度服务的供应商。

未至科技将继续坚持以"信用赋能商业智慧"为愿景，秉承诚信、协作、拼搏、创新的服务理念，为推动社会信用体系建设快速发展做出贡献。

二、建设方法

未至科技将信用融入园区日常管理体系，从事前招商审查、信用档案建立，到事中信用画像、信用评价、分级分类监管、监测预警等，再到事后信息共享公示、信用激励引用、信用震慑等打造信用管理的业务闭环，有效帮助园区降低经营风险，实现园区经济高质量发展。

未至科技以信用为基础，围绕新型监管机制嵌入园区管理，依托企业主体诚

信档案,以园区至信云创运营管理服务平台(以下简称"平台")为抓手,开展分级分类管理,提供信用金融、信用服务。

未至科技为园区管理方提供"一站式智慧化管理"平台,基于"资、管、服、企"四个方面,满足园区管理方智慧化运营管理、招商管理、企业管理、资产管理、合同管理、监管事项、企业服务等全方位需求,降低运营管理成本,实现园区收益最大化。

三、产品创新

1. 数据底座能力

平台统筹聚合政府公共数据、园区业务数据、企业经验数据,建设聚合数据底座,为不同的业务线提供可以重复使用的数据。平台通过数据技术,对海量的信用数据、主体、能耗数据进行采集、计算、存储、统一标准和口径,储存后形成大数据资产层,进而为客户提供高效服务。

平台对招商、合同、企业、账务等业务进行资产数字化建设,对资产价值生命周期进行数据治理,赋能园区管理水平升级,改善原本的企业信息获取来源、运营服务考核指标等,实现园区高效运营。

2. 招商事前审查尽调

平台利用大数据技术结合风险预警,了解企业背调,从工商、经营、舆情等各维度信息实时审查,提前预测企业风险值和发展潜力,便于做出准确的招商决定。

平台基于园区内企业项目池,支持从多个维度查询园区内企业信息,支持进行项目状态的批量对比查询和检索功能,打破传统招商模式,解决招商任务重、目标不精准、路径不清晰、成本高等问题。

3. 赋能企业精细化管理

平台构建了完整的企业信息标签体系,涵盖上百个企业信息字段,为园区管理者提供标准化客户管理模板,实现"一企一档"。针对企业在园区的孵化生命周期,平台从租赁、工商、经营、科技等多个维度为企业全方面建档,依托数据资源优势帮助园区进行数据补充,实现快速建档,避免各部门客户数据碎片化。

4. 提高资产管控水平

平台通过数据化资产管理,发现隐形数据、台账信息工具支撑,防止高空置率造成的资金流失,提高园区项目整体收益增值,避免资金黑洞,便于制订整体租赁计划,基于业务发展中的数据指标体系对业务进行多维度、全局性的体系监控和评估。

5. 合同履约监管闭环

平台支持对园区内企业租赁合同的登记、退租、续租、终止操作,实现合同业务的闭环,在合同管理列表体现经过不同种业务操作后的合同状态,并可基于合同状态进行合同筛选。对于即将到期/已逾期的合同,平台在管理列表上进行监管预警提醒和看板展示。

6. 财务账单管理

平台打通园区财务系统,将业务、财务一体化,确保资产与合同、企业、账款、开票等信息实时关联。平台可以快速调取客户所有应收账单,自动填账,无须人工核算每笔到账费用,实现精准对账。

平台通过对比过程数据信息进行留存建档,建立账务综合查询,了解企业欠款金额、欠款周期以及整体的收缴情况,支持多个维度查询信息。

7. 对企服务支持

平台构建园区和企业间有需可发、有实可用、有益可达的良性发展环境;构建企业在进入园区后的工、行、做等方面的一站式服务,打通公共、三方、政策等服务环节,统筹数据、业务下沉和全面发展;构建以"运营+管理+指导+归集+分析"为基础的新型信用对企服务概念,创新"解决工作+标准化作业+成效提升"的服务体系。

8. 一站式物业管理

平台打通园区物业工作的低效状况,通过统一管控、远程操作、移动支付等,降低运营人员成本,支持对园区物业工作的流程化管理、维护和过程监督。

全流程溯源管理,提供生产过程中数据的全链路溯源管理,溯源内容包括事前事中事后溯源、检验审查溯源、主体信息、指标等。

9. 数据可视化分析看板

平台搭建运营看板模块,对各项服务条线内容进行运营分析,建立包含企业服务分析、招商分析、租赁分析、经济分析等在内的全方位运营分析内容,帮助园区领导快速了解运营情况,辅助园区管理者进行战略规划。

同时通过领导驾驶舱,使复杂数据清晰可见,提供数据信息的各项指标运营看板和支持大屏响应的可视化内容,将主体数据结果多样化图流设计,内容一目了然,便于快速做出决策。

四、应用场景

1. 整园授信工作

在整园授信体系中,整园授信的意义不仅在于提高授信额度,还要帮助企业建立信用和用信的意识,培养信用和用信的行为。扶持园区下的产业经济发展,开展诸如中小微企业融资、科技类贷款等,建议当地金融机构推出相关金融政策及服务,通过平台内归集档案的评价得分供金融机构进行辅助决策。由银行主导设立信贷风险资金池,对信易贷的合作金融机构受到的信贷损失给予一定比例的风险补偿。对被授予"诚信企业"称号的企业,可申请信用园区专属贷款服务,加速优企孵化,解决融资难、融资贵的问题,培育企业信用意识,建立企业用信行为。

平台通过财政扶持的方式统筹园区农业、科技、工信、贸易等行业领域发展的信贷支持力度。引入政策性融资担保、商业保险,进一步加强银行机构对信用良好的中小微企业进行融资的信心,提升中小微企业银行融资的可获得性。

根据企业当前状态,进行数据分析对口政策和金融产品推荐,以及金融产品的多维度资源展示,根据企业信息入驻补充后的画像建设,对在园企业的评价评级和分级分类进行管理。

满足企业信贷绿色通道的保障机制和审核前置工作,实时提供企业主体履约情况、运营数据等,作为风险监测和过程预警,开设在面向"信用+贷款"环节中对事前审查、事中监督的有效辅助决策工具。

2. 能耗信息统一归集

对园区内企业在经营和合同履约过程中产生的房租信息、用水、用电信息等能耗信息进行数据收集管理。平台对企业履约信息进行脱敏后公示,经合同主体授权公示、审核后自动发布到企业交款一栏,有效发挥对企业交款信息的披露作用。

3. 园区企业监测预警

园区企业监测预警为用户提供园区企业各类风险监控和管理支持，通过园区企业监测预警模块，用户能够实时获取园区企业发生的风险事件，并能够灵活对风险事件的预警时机进行设置。在园区企业的工商、司法、行政处罚等预警之外，还能够提供针对企业财务报表、企业预警、企业所处行业进行预警，全方位地掌握园区企业可能发生的风险。

园区管理者可以根据这些信息，对园区企业在招商审查前、入园运营中和流出风险时进行识别和判断，指导园区管理者及时采取措施。

4. 企业风险评级

平台提供企业信用评价、企业经营评价等各类风险评级结果展示。企业经营能力展示支持从企业的基本信息、行业情况、履约历史、经营能力和信用情况等多个方面评价企业的经营能力，包括但不限于企业在工商、司法、关联关系方面的风险信息，企业的营业收入和支出分析，企业人才信息，企业知识产权信息等8个专栏32个小类，能够给出企业经营能力分析和企业授信建议。

5. 政策匹配服务

平台筛选企业资质认定数据，如税收、知识产权、人才数量等，提炼企业库内关键信息，快速筛查对口项目后形成相关企业，便于批量推荐政策。企业也可以登录平台，完善主体信息、内部信息等，获取对口申报的政策文件。

6. 园区服务一卡通

企业员工可以统一办理或个人在线申请实体卡或虚拟卡，包括但不限于门禁打卡、消费充值、信息提示等。平台通过开放的API接口，以一码通行方式，集成园区道闸和电梯等多项物业设备，打通园区食堂和超市等生活购物场景，实现查询实时消费、入园、打卡记录情况，促进惠民便民服务。

平台支持围绕园区企业、员工在生活、业务层面的快捷功能使用，包含访客预约、会议室预订、出入园区通行申报、企业快查、活动报名等应用场景功能使用。

7. 企业体检，加强工作监管

平台通过完善的信用企业评价模型，达到对园区内企业的"信用体检工作"，通过归集信息定期为园区运营管理方提供企业失信预警等方面的服务提醒。依托数据治理及分析能力进行增质提量管理,对数据采集时效和采集质量统一管理,避免瞒报、漏报。

信用企业体检工作为园区管理方开展和推动分级分类监管、风险防控提供辅助决策依据,构建以信用为核心的新型监管机制,便于开展针对性的差异化指导服务管理。对有信用问题、失信行为、诉讼案件的企业进行预警,帮助园区管理降低租金回笼风险,提前与有信用风险的企业约定履约要求和时间,避免累计违约金额。

五、社会效益

1. 扩大信用园区和企业影响力

发挥园区内企业档案的后续支持工作,有效利用归集整理后的数据信息,灵活运用信用评分,积极探索对园区企业进行差异化管理,提升履行数据共享、对企服务能力,倡导企业诚信经营、守法经营,有利于进一步优化营商环境,成为推动市场经济的重要推力。营造"知信、守信、用信"氛围,推动园区政策、金融和信用等资源的合理高效配置。

2. 积极打造品牌效应

园区管理者运用平台已收集的信用档案和经营信息,通过企业档案快速筛查优秀企业并提供帮助,打造重点扶持优企对象。

(资料来源:江苏未至科技股份有限公司)

市场信用产品案例 14

"研值分"有力赋能合肥市科创金融改革试验区建设

"研值分"科创企业信用评价体系是兴泰金控集团旗下合肥市征信有限公司在合肥市发展改革委指导下,基于合肥市科创金融改革试验区建设需要,为搭建合肥市科创企业信用体系,构建科创型企业信用等级评定标准,创新企业信用信息共享和运用方式,提高科创型企业融资效率而推出的科技型企业信用评估模型。

该项目自 2022 年 5 月开始立项,经过前期调研、数据接入等环节,对接包括合肥市公共信用信息共享服务平台所归集的合肥市政务数据、合肥市科技局提供的合肥市科技型中小企业和高新技术企业申报数据以及通过第三方大数据公司对接的外部数据等各类数据超 52 亿条。

通过对这些数据进行梳理、清洗和加工后进行模型指标构建,初版模型指标在市场监管总局《通用型企业信用风险分类指标体系》的基础上,结合合肥市科创企业行业特点和实际可用数据情况构建。经过多轮次的数据验证后,对指标分箱及权重不断调整,最终于 2023 年 1 月 6 日正式上线应用,并于 2023 年 6 月 25 日进行了 V1.3 版本迭代。上线后包括合肥科技农村商业银行、安徽省兴泰融资担保集团有限公司在内的 8 家金融机构陆续接入,目前主要应用于金融机构科创型企业信贷业务贷前审批流程中。

同时,基于"研值分"科创企业信用评价模型,合肥征信还推出了"研值分"科创企业信用报告,报告内容是基于"研值分"科创企业信用评级体系的详情展示,主要包含有企业信息概要、评分内容解读、企业基本信息、评分详情、评分指标信息补充、风险预警信息、申请记录 7 个组成部分,对企业"研值分"评级情况进行详细解读,辅助金融机构业务人员和评审人员对企业情况进行综合判断。

一、企业简介

合肥市征信有限公司(简称"合肥征信")是经合肥市政府批准同意设立的国有全资企业。公司负责合肥市企业融资综合服务平台(信易贷平台)、合肥市产业政策平台建设运营,有力推动地方信用体系建设,助力优化区域营商环境。同时,公司不断加强数据信息归集和治理,运用智能化数据挖掘技术和统计分析方法,构建精准有效的企业信用评价体系,开发企业信用评价产品"信泰分",着力解决金融机构与企业的信息不对称问题,为合肥市建设现代金融服务体系贡献自身力量。

二、解决问题

科创型企业因为"重技术、轻资产"的行业特征,在信贷融资过程中缺少抵押物,长期以来存在融资难、融资贵等问题,一般通过信用类贷款融资。通过针对科创型企业开展企业信用评价,在一定程度上解决了科创型企业银企之间信息不对称问题。有利于金融机构控制风险的同时,让优质科创型企业获取贷款及投资更为便利。从而让金融机构化不敢贷为敢贷,不敢投为敢投,助力合肥市科创产业经济发展。

三、实践经济效益

截至2023年8月31日,该模型累计调用次数1 119笔,涉及577家科创型企业共807笔,总计27.19亿元的授信,取得了较好的社会影响,为合肥市科创型企业融资服务提供了便利。

四、社会效益

"研值分"科创企业信用评价模型自上线之后,已有8家金融机构陆续接入使用,直接应用于科创企业信贷业务贷前评审。经过市信易贷平台政信贷产品历史授信数据和上线后金融机构实际调用授信数据验证,"研值分"企业信用评价模型对金融机构在科创型企业信贷融资场景下的授信准入、利率定价、额度确定等方面具备良好的指导意义。

五、创新举措

"研值分"科创企业信用评估模型的创新举措主要有三个方面。

一是在数据应用方面实现业务逻辑闭环。"研值分"模型基于政务大数据、市科技局所归集的合肥市科技型中小企业申报数据、合肥市信易贷平台和产业政策平台运营数据和第三方大数据厂商商业数据，充分考虑企业经营规模、稳定性、偿债能力和科创投入力度而制定。模型结果通过合肥市信易贷平台授信数据进行验证优化，实现了业务逻辑闭环，可不断优化迭代，模型评估精准度稳步提升。

二是在模型指标设置方面丰富全面。研值分指标体系由通用型指标集和科技型指标集两部分组成。其中通用型指标集依据企业基本情况、经营情况、资产情况、企业行为、负面信息五大类，由39个指标项127个指标值构成，主要通过企业经营规模、稳定性、偿债能力、就业税收贡献和社会履约情况等维度，对企业进行综合信用评价。科技型指标集由科技型企业基本情况、资产负债情况、收入支出情况、员工情况4个大类28个指标项125个指标值构成，主要侧重企业的科创投入力度。汇总通用型指标集和科技型指标集得分后，得到企业"研值分"最终得分。根据最终得分情况，将企业分为 AAA、AA、A、BBB、BB、B、C、D 八个等级。

三是在应用场景方面兼顾投融资领域。"研值分"科创企业信用评估模型除了在金融机构信贷业务准入和定额定价方面的应用，在设计之初就已考虑到了投资领域的应用，可通过调整模型指标占比权重，实现侧重于企业创新发展能力和专利等无形资产价值的模型评估，从而服务于股权投资机构，可应用于投贷联动等实际金融业务场景。

六、可持续发展

后期合肥征信还将进一步优化现有评估模型的指标体系和评估权重。主要通过科创型企业科创能力评估和科创型企业知识产权评估两方面，持续跟踪优化"研值分"科创企业信用评价机制。通过企业技术创新、研发投入、企业资质、企业经营等领域对科创型企业信用评价机制进行持续优化。在提高"研值分"科创企业信用评价模型评估精准度的同时,探索"研值分"评估模型在股权投资机构对初创期和成长期科创型企业风险投资,科创型企业产业奖补政策审核等更多实际业务应用场景。从而更好地服务于合肥市金融机构和企业。

（资料来源：合肥市征信有限公司）

市场信用产品案例 15

能源领域信用监管系统

东方安卓(北京)征信有限公司根据国家信用监管相关法律法规,搭建能源领域信用监管系统,建立和完善行业主体信用评价指标体系,开展市场主体信用评价,提高市场主体信用管理水平,促进市场主体依法诚信经营,营造良好行业信用环境,加快推进能源行业信用体系建设。

一、企业简介

东方安卓(北京)征信有限公司(以下简称"东方安卓")成立于 2008 年,是经过中国人民银行首批备案、拥有国家发展改革委招投标评级资质、国家统计局涉外调查许可单位的征信机构,是专注于从事征信工作的第三方社会信用服务机构。

2017 年按照国家发展改革委发布的关于引入第三方信用服务机构协同参与多领域信用建设和信用监管工作的要求,经过公开函询、自愿报名、专家评审等多个流程,最终被国家发展改革委推荐协同药品与交通运输领域信用建设和信用监管工作。

当前,中国信用建设迎来全面发力的新阶段,东方安卓非常感谢和珍惜能有机会参与到政府和市场共建共创、共享共用的大环境中。东方安卓全体同人将全力聚焦中国信用建设的关键领域、关键环节和关键人群,采取多种形式进行广泛宣传,营造诚实守信的良好氛围,为促进中国信用体系建设不懈努力。

二、项目介绍

搭建信用系统,为每个市场主体创建独立账户,来达到政府部门对能源行业市场主体进行信用监管工作。系统通过自主填报、数据接口等方式归集企业信用信息。

（一）制定市场主体信用评价标准并嵌入系统

1. 信用评价标准设计原则

① 综合性。从各个维度全面选取评价指标，综合反映受评主体的信用水平。

② 重要性。选取具有代表性、对受评主体信用水平有重大影响的指标。

③ 公共性。侧重于选取遵纪守法、社会责任等反映公共信用状况的指标。

④ 可得性。在设计指标的同时考虑数据来源。

⑤ 动态调整性。结合数据实际和模型优化需要，对少数指标进行动态微调。

⑥ 公信力。指标设置客观、科学，数据权威可靠，指标体系公正、可信。

2. 信用评价标准构成

针对能源行业市场主体的特点，评价维度包括基础素质和人力资源情况、公共信用状况、管理状况、企业荣誉状况、业务发展状况、资产财务状况等6个维度。

一级指标：将基础素质和人力资源情况、公共信用状况、管理状况、企业荣誉状况、业务发展状况、资产财务状况等6个维度作为一级指标。

二级指标：设定历史沿革、组织机构设置、高管人员素质、从业人员情况、行政监管信用记录、司法监管信用记录、"银行信贷履约情况"等35个二级指标。

3. 信用结果生成

系统对能源行业的数据情况进行自动分析，并在线撰写信用报告，最终形成主体信用结果。分级分类监管系统形成评价结果后，根据主体的信用等级进行分级分类监管。

（1）AAA/AA/A级主体——守信主体

① 对守信主体采取重点推荐、业内表彰；

② 在参与评优活动中予以优先推荐；

③ 享受政府部门其他的优惠政策和优先服务。

(2) BBB/BB/B 级主体——重点关注

① 对 B 级主体进行一般预警；

② 日常监督检查每 6 个月不少于一次；

③ 办理登记注册、分支机构登记和变更登记等事项时，要对所提交的材料进行核实；

④ 年检时，重点审查，并进行实地检查；

⑤ 原则上一年内不予推荐参评各种荣誉称号。

(3) CCC/CC 级主体——风险预警

① 日常监督检查每两个月不少于一次，也可随时检查；

② 不得参与各类荣誉评比，已获得的荣誉建议评（认）定部门予以取消；

③ 及时向金融、税务等有关部门通报违法行为记录；

④ 业内警告、通报批评等政府部门的其他惩戒措施。

(4) C 级主体——淘汰退出

① 责令其停止经营活动并依法限期办理注销登记，如果是市场主体对其投资的相关企业责令限期办理变更登记或注销登记，否则依法予以查处；

② 对负有个人责任的法定代表人（负责人），以及法律法规规定进行限制的原法定代表人（负责人）或有关人员依法进行限制；

③ 及时向金融、税务等部门和涉及前置审批行政许可项目的相关部门通报；

④ 业内警告、通报批评等政府部门的其他惩戒措施。

(二) 信用承诺

通过该系统，市场主体签订信用承诺书并上传，承诺诚信经营。坚持自愿为主、主动公开的原则，信用承诺内容将纳入政府信用平台，接受各界的监督。

(三) 信用风险预警

1. 建立信用风险预警子系统

信用系统的信用风险预警子系统会对能源行业市场主体进行信用监测，及时反映主体信用情况，突出市场主体的风险及问题，对于失信风险较高的市场主体进行重点监测及信用风险预警，从而提升政府的风险把控能力，提升市场主体的诚信水平。

2. 信用风险预警方式

① 监测期数为系统滚动式,以月度排名,可查询;

② 每季度形成简报,年度形成终报;

③ 监测结果应用。

利用监测系统,建立监测模型,筛选出安全风险等级较高的市场主体,提交政府部门,系统内部可供查询追溯。所有成果将以报告的形式呈报,包括纸质版和电子版。

(四) 守信激励与失信惩戒

1. 守信激励

(1) 政府部门对守信主体的激励

被评定为 A 信用评估等级结果的主体,可获得政府颁发的资金奖励,奖励办法由政府部门拟定;可作为评比达标和表彰活动的依据;可作为政府资助、税收优惠的依据。

(2) 平台对守信主体的激励

守信主体除了管理部门相应的守信激励,平台还提供对守信主体提供"信易+商务"服务。

2. 失信惩戒

如果系统监测到市场主体有失信信息,系统将失信信息推送至政府信用平台,并由主管部门牵头,充分运用信用约束手段,跨地区、跨部门、跨领域联合惩戒,形成政府部门协同联动、信用服务机构积极参与、社会舆论广泛监督的共同治理格局。

(五) 信用培训

第三方信用机构可开展对信用记录优秀的主体进行信用培训工作,由信用机构制订培训计划,培训课程包括:"信用管理与风险控制""纳税的信用风险管理""信用文化与营销智慧的秘密""商业信用与发展之道""解读国家信用建设,做好信用风险防范"等。通过信用培训,提升市场主体的诚信水平、社会公众的诚信道德水准,在全社会基本形成诚实、自律、守信、互信的氛围和环境。

对于失信主体开展"企业信用管理""联合惩戒措施""信用修复流程"等培训,协助失信主体尽快修复信用,保障主体权益。

三、项目效益

以信用为抓手实现政府部门对能源行业市场主体的监督与管理;通过能源领域信用监管系统,整合能源行业市场主体的信用信息,建立信用信息数据库,健全能源行业市场主体的信用档案,并及时向政府部门提供和更新信用信息;通过对能源行业市场主体进行信用监测,突出能源行业市场主体的风险及问题,对于失信风险较高的市场主体进行重点监测及信用预警,从而提升政府的风险把控能力;通过信用培训,提升能源行业市场主体的诚信水平、社会公众的诚信道德水准,在全社会形成诚实、自律、守信、互信的氛围和环境。

［资料来源:东方安卓(北京)征信有限公司安徽分公司］

市场信用产品案例 16

数据管理能力建设引领征信业务高质量发展

2020年4月,中共中央、国务院发布了《关于构建更加完善的要素市场化配置体制机制的意见》,首次将数据作为一种新型生产要素写入文件中,充分肯定了数据要素价值。2022年,中共中央、国务院再次发布了《关于构建数据基础制度更好发挥数据要素作用的意见》,强调要把安全贯穿数据治理全过程,创新政府数据治理机制,压实企业数据治理责任,形成数据要素治理新格局,更好发挥数据要素作用。

2021年以来,江苏省先后发文《金融"十四五"发展规划》《关于印发江苏省加强信用信息共享应用促进中小微企业融资若干措施的通知》,明确江苏省综合金融服务平台和江苏省企业征信服务平台是江苏省普惠金融基础设施。而作为上述平台的建设方与运营方,江苏联合征信更需要全面提升自身数据管理能力,加强企业信用信息的挖掘利用,服务全省普惠金融建设大局。

2021年9月,中国人民银行正式发布了《征信业务管理办法》,对从事征信企业的数据管理能力提出了要求。作为江苏省唯一的省级企业征信公司,江苏联合征信研判上述背景,在经过充分调研之后,最终选择以数据管理能力成熟度评估服务平台(DCMM)为框架指引,全面提升数据管理水平,引领自身征信业务高质量发展。

一、企业简介

江苏省联合征信有限公司经江苏省人民政府批准于2019年6月成立,注册资本5亿元。其中,江苏省国信集团等8家省属国有企业合计出资3亿元,占比60%;苏州国发集团等15家市属国有企业合计出资2亿元,占比40%。根据江苏省政府批复,公司由江苏省国资委列名监管,中国人民银行南京分行负责行业监管,江苏省地方金融监管局负责行业指导。公司于2020年获中国人民银行企业征信机构备案资质、江苏省信用服务机构备案证书。

公司自成立以来,围绕"一体两翼,双轮驱动"的运作模式,基于省联合征信公司主体,全面承担江苏省综合金融服务平台的技术支持和日常管理,持续升级平台服务功能;建设省级企业征信平台,多维度归集企业信用信息,研发征信产品,发挥征信赋能普惠金融的支撑作用;参与金融基础设施建设,服务各级政府、金融机构和中小微企业,推动金融服务实体经济发展。省综合金融服务平台入选"2020数字江苏建设优秀实践成果"。

二、解决方案

1. 建立数据管理组织

江苏联合征信数据管理组织自上而下分为数据管理领导小组、数据管理部和各业务部门。

数据管理领导小组是公司数据管理最高权力组织,负责组织研究和制定数据管理规章制度、推动数据管理战略实施以及对重大数据安全情况做出指示等工作。

数据管理部是公司一级部门,负责在数据管理领导小组的领导下建立健全公司数据管理制度体系、优化数据使用流程、指导各部门开展数据使用活动等工作。

2. 完善数据管理制度

(1) 数据管理制度制定

江苏联合征信制定了《江苏省联合征信有限公司数据管理办法》和《江苏省联合征信数据安全管理办法》,对数据治理、数据架构、数据使用、数据安全等各方面进行了规范,并在组织层面进行发文。同时进一步制定了《数据安全分类分级规范》《数据采集审查管理规范》《数据使用流程管理规范》等60多项规范,指导数据管理具体工作开展。

(2) 数据管理制度实施

按照数据管理各项制度,开展数据管理各项工作。对数据源单位进行审查,确保数据采集工作安全合规;进行数据分类分级,指导后续的权限管理、数据脱敏等工作;建设数据使用电子化流程审批制度,留存数据使用申请与处理记录,用于数据安全审计,评估数据安全风险,不断优化数据管理策略。

(3) 数据管理制度修订

江苏联合征信根据实际业务情况,对制度与业务的适配性做出准确研判,及时对数据管理制度进行修订,目前已对《江苏省联合征信有限公司数据管理办法》《江苏省联合征信数据安全管理办法》《数据使用流程管理规范》相继做出修订。

3. 打造数据管理基础设施

(1) 数据治理平台

数据治理平台是江苏联合征信的数据中台,承担对公司采集的数据进行汇聚、清洗加工、形成标准化数据资产的重要职责,主要功能包括元数据管理、数据标准管理、数据开发、数据分析建模、数据资产管理等。

(2) 数据分析建模系统

建立基于Jupyter分析环境、规则引擎、数据可视化工具为一体的数据分析建模系统,能够进行机器学习、深度学习各类模型的开发和训练;分析建模的结果可保存或生成标签,进一步通过规则引擎快速配置各类数据模型以对外进行服务;在数据可视化系统中,提供丰富的可视化控件,实现数据的可看、可查、可分析。

(3) 数据质量监控管理系统

数据质量监控管理系统,包含质量校验规则配置、监控任务配置、质量问题告警等功能。通过配置质量监控规则、调度质量监控任务,监控数据对象质量,发现质量问题后自动及时发出告警,并同步生成问题工单指向负责人,快速解决质量问题。

(4) 数据安全管理平台

数据安全管理平台由分类分级、安全防护、数据安全审计组成。通过对数据资产进行分类分级标注,配置防护策略,阻断用户高危操作,定期审计数据使用日志,生成审计报告,全方位保护数据资产安全。

（5）数据服务运营管理系统

数据服务运营管理系统，包括基础数据 API、应用、接口等各项数据应用，对外提供服务情况进行记录。

4. 数据处理加工和安全保障

（1）规范数据标准

通过参考公共信用、电子政务等相关国家标准，建设统一的数据标准，对字段的中文名、英文名、定义、格式等进行规范，进一步支持数据模型合规性校验、数据质量校验的场景。

（2）优化数据架构

江苏联合征信对具体业务场景进行抽象，设计数据模型，对相同内容但不同来源的数据进行规范化。同时，对于原始数据按照规范化数据模型进行清洗治理加工，形成数据资产。同时建立数据集成共享渠道，实现数据在公司内部的互联互通。

（3）搭建数据仓库

江苏联合征信设计了符合企业征信行业特点的 ODS（贴源层）、DWD（明细层）、DWS（汇聚层）分层架构的数据仓库模型，并且创新设计多源数据融合策略，对多源数据进行逐层清洗、逐层聚合，建设高质量、高可用的数据仓库。

（4）数据资产目录

江苏联合征信通过上述数据管理实施工作，建设完成了统一的数据资产目录，并在数据治理平台中提供查询、浏览、搜索等操作。数据资产目录经过了规范化的清洗加工和聚合，屏蔽了底层数据来源、数据口径等差异，为对外提供高质量征信服务奠定了坚实的基础。

（5）巩固数据安全

江苏联合征信高度重视数据安全工作，在上级主管部门的正确指导下，围绕组织建设、制度建设、数据生命周期安全防护、安全运营等方面构建了以数字化建设为战略目标的征信数据安全治理体系。

5. 数据分析应用与对外服务

截至 2023 年上半年，已开发完成数据标签超过 700 个，标签类别覆盖工商类、经营类、司法类、产权类等多个维度，同时进行数据分析挖掘，开发上线苏信分、优企搜、企业信息核验等模型，进一步形成了多维度、多场景、专业化的产品体系，覆盖获客、授信、风控等重点业务场景，持续对外输出优质服务。

三、案例成果

截至目前，征信平台征信服务已覆盖全省13个地市1 400多万个市场主体，并支持金融服务平台的各业务环节。省金融服务平台已注册企业数超过140万家，累计解决需求超3.3万亿。并通过平台投放小微e贷、苏质贷、苏农贷等专项政策性金融产品，为4.8万多家小微企业发放了2 500多亿元专项贷款。同时建设普惠金融专版，向超过7.5万家市场主体提供了超过3 000亿元贷款，创造了巨大的经济价值和社会价值。

江苏联合征信通过构建完善的数据安全管理体系，建设数据安全管理工具，做好日常数据安全监测，培训提升员工的数据安全意识，在信息安全工作上获得上级主管部门高度认可，获评省委网信办"庆祝建党100周年网络安全保障优秀单位""网络安全优秀防护单位""省落实网络安全工作责任制先进单位"等称号。

（资料来源：江苏联合征信有限公司）

市场信用产品案例 17

水滴信用立信计划

立信计划是上海凭安征信服务有限公司为符合条件、愿意签署守信承诺书的中小微企业(含个体工商户,以下简称"小微企业")建立信用档案,记录信用状况并以此为基础不断衍生出能够帮助小微企业获得更多认可、获取更多机会的产品和服务的经营计划。立信计划自 2020 年 5 月推出后,受到市场的普遍欢迎,截至目前,加入立信计划的小微企业已超过 60 万家。

在我们接触、调研的小微企业中,征信需求主要集中在两个方面:一个是自己的诚信意愿如何被知晓、被尊重。大家认为自己遵纪守法、诚信经营、从不坑蒙拐骗,对得起良心、对得起消费者,希望自己的这种诚信意愿能够让合作伙伴、交易对手以及消费者知道;另一个是如何避免和不诚信的人打交道。自己讲诚信不一定别人也讲诚信,和不诚信的人打交道总是存在上当受骗的可能,想找到和自己一样讲诚信的人进行合作、交易。归纳起来就是小微企业需要一个"诚信标签",能够反映大家的诚信意愿,便于彼此间的相互识别,并且可以找到、看得见。

从传统征信角度来看,这个"诚信标签"应该是诚信意愿的评价结果。但是小微企业的现实告诉我们,采用传统评价模式对诚信意愿进行评价缺乏现实性和可操作性。突出表现在:

1. 小微企业无论资产状况、内部管理还是信息真实性等方面都不具备保证评价结果客观、公正的条件;

2. 被评价的小微企业是非特定群体,涉及面广、复杂性高、投入巨大,不具有可操作性。

我们在分析小微企业需求时,发现了一个特点,认为自己遵纪守法、诚信经营、从不坑蒙拐骗,对得起良心、对得起消费者的比例特别高,说明小微企业对诚信意愿所对应的行为准则是有普遍共识的。如果把这种共识规范、整理成一个文件,是不是这个文件代表了小微企业的诚信意愿?如果再给这个文件冠以守信承诺书之名,那么这个守信承诺书是不是具备了"诚信标签"的功能?如果大家都能按照守信承诺书的内容履行自己的责任和义务,那么小微企业通过征信所要达到的目的能否得以实现?

毫无疑问,答案都是肯定的。守信承诺书是小微企业诚信意愿规范化、标准化的表现形式,具有"诚信标签"的功能和作用,是立信计划诞生的关键。

一、产品介绍

目前,立信计划产品包括两个信用档案、两个立信牌匾、一张搜索名片,在小微企业信用基础建设、应用推广、诚信意愿展示、合作、交易风险识别以及信用管理等方面形成了完整的产品体系。加入立信计划须满足以下三个条件:

1. 依法在中国境内注册的企业;
2. 非失信被执行人,未发现重大违法行为,不存在经营异常、重大负面舆情等;
3. 自愿签署守信承诺书。

签署守信承诺书标志着加入立信计划;加入立信计划的企业被称作立信企业;公司通过立信产品为立信企业提供服务。

二、产品功能

1. 信用档案

公司为每个立信企业建立了两个信用档案。一个是企业信用信息数据库,全面、详细记载了该企业历史上的信用信息。包括但不限于公共信用信息、市场信用信息、舆情信息、加入立信计划信息以及企业自主提交的信用信息等;另一个是商业信用档案,内容来自企业信用信息数据库和立信企业自主提交。包括企业基本信息、失信行为信息、用户评价信息、企业实力信息、股权结构、对外投资、涉诉信息、企业自主提交的信息以及公司对信用信息再加工的内容等。商业信用档案有三个特点:

(1) 专门为立信企业提供了自主维护功能。企业登录后可自主提交、维护包括但不限于公司简介、资质荣誉、新闻报道、产品(服务)信息、公司特色等内容。企业对自主维护的内容负责，公司进行审核；

（2）公司为每个商业信用档案配置了二级域名，相当于为企业建立了专属于自己的网页，实现了通过互联网可触达、可浏览、可下载；

（3）为访客提供了交互入口。方便访问者对立信企业进行监督、评价，方便与立信企业的交流和沟通等。

2. 立信牌匾

立信牌匾是中小企业加入立信计划的显性标志，是对企业诚信意愿的尊重和鼓励。企业加入立信计划即可获取线下实物牌匾、线上电子牌匾。线上电子牌匾附着在信用档案中，线下实物牌匾由用户悬挂（放置）在经营场所。消费者通过扫描立信牌匾中的二维码，可以浏览该企业守信承诺内容和基本信息，也可以通过信息入口反映问题、进行评价，包括点赞、投诉、举报等。公司对消费者投诉、举报进行动态管理。违背守信承诺且在规定时间内未能整改或整改不到位，公司中止该企业立信计划，并在信用档案中进行记录和说明。此时扫描牌匾中的二维码，将显示"该企业因违背守信承诺，已被中止立信计划"。同时公司对企业是否存在重大失信行为进行动态监测，一经发现，公司将终止该企业立信计划，并在信用档案中进行记录和说明。此时扫描牌匾中的二维码，将显示"该企业存在重大失信行为，已被取消诚信企业资格"。

3. 搜索名片

公司已与360搜索引擎、UC搜索引擎、夸克搜索引擎、今日头条搜索合作，为立信企业提供个性化的搜索服务，包括立信企业搜索关键词配置，搜索结果个性化、名片化处理以及首页、首位展示等。上述措施极大促进了立信企业在互联网上看得见、找得到。

三、产品特色

立信计划经营特色主要表现在以下三个方面：

1. 用守信承诺书代表小微企业诚信意愿，发挥"诚信标签"作用是传统征信在大数据、互联网时代的创新发展

首先，小微企业签署守信承诺书意味着公司采集到了小微企业的诚信意愿。

其次,公司将守信承诺书附着在企业信用档案中并通过互联网将立信企业的诚信意愿公之于众,实现了找得到、看得见的目的。最后,公司利用社会信用信息以及消费者、合作对象、交易对手等通过信用档案、立信牌匾入口提供的信息对立信企业的守信承诺进行动态监测、分析判断,对违反守信承诺的企业依据规定进行处理。立信企业诚信意愿的真实性、时效性、安全性从机制上得以保证。

2. 小微企业参与使立信计划更具生命力

首先,立信企业可自主维护商业信用档案中的特定栏目,包括但不限于公司简介、资质荣誉、公司新闻、产品介绍、公司特色等。企业可提供文字、图片、视频等内容并可进行动态维护和更新。上述行为丰富了立信计划产品内容,密切了供需双方的关系。其次,线下立信牌匾由用户悬挂(放置)在经营场所,时刻提醒企业要把守信承诺融入集体,形成自觉,不断塑造优秀的企业文化。最后,消费者通过扫描立信牌匾中的二维码提交的信息,包括但不限于评价、投诉、举报等,公司建立了受理、处置规范,监督立信企业有则改之、无则加勉,监督立信企业始终行进在守信承诺的正确轨道上。

3. 立信计划以解决小微企业困难为己任

首先为小微企业建立信用档案,系统记录企业信用信息,帮助小微企业解决了立信建档问题;其次信用档案、立信牌匾发挥了信用信息载体功能,通过线上、线下找得到、看得见有效缓解了信息闭塞、信息不对称的问题,降低了交易双方因信息不对称产生的风险;再次通过与360等众多搜索引擎的合作让找得到、看得见变得更加方便、快捷;最后小微企业诚信意愿通过信用档案、立信牌匾被传播、被知晓、被监督、被认可。随着对小微企业政策、行业、环境的深入理解,随着应用场景的实践与开发,相信立信计划将会衍生出更多以守信承诺为核心服务于小微企业的产品和服务,帮助小微企业更加健康地发展。

四、服务成效

立信计划自2020年推出后,受到广大小微企业的欢迎,每年都以10万家以上的规模增长,截至目前已超过46万家。也就是说至少46万家小微企业签署了守信承诺书,愿意按照守信承诺履行诚实守信的相关义务;同时,意味着至少

46万家小微企业有了自己通过互联网能够找得到、看得见的信用档案，可以将自己的诚信意愿、经营特色通过信用档案让更多的人知晓；意味着至少46万家小微企业将立信牌匾挂在了经营场所，向社会公示自己的诚信意愿，也向大家表示接受监督的勇气；也意味着360、字节、UC等多家搜索引擎为至少46万家小微企业提供了搜索关键词、搜索结果首页首位展示、链接信用档案落地页等增值服务；更重要的是，这46万家中任意两家间的合作、交易都有了判断对方信用状况的共同标准。

五、产品创新

用守信承诺书代表小微企业诚信意愿，发挥"诚信标签"作用是传统征信在大数据、互联网时代的创新发展。

守信承诺书附着在企业信用档案中并通过互联网将立信企业的诚信意愿公之于众，实现了找得到、看得见的目的。

用社会信用信息以及消费者、合作对象、交易对手等通过信用档案、立信牌匾入口提供的投诉、评价等信息对立信企业的守信承诺进行动态监测、分析判断，对违反守信承诺的企业依据规定进行处理。立信企业诚信意愿的真实性、时效性、安全性从机制上得以保证。

（资料来源：上海凭安征信服务有限公司）

市场信用产品案例 18

基于大数据分析的化工行业信用等级评价管理平台

一、产品介绍

基于大数据分析的化工行业信用等级评价管理平台(以下简称"平台")是按照国家标准规范建设,专注于化工行业的信用等级评级管理平台。平台面向化工行业内多维度用户,包括但不限于化工企业、上下游合作方、行业协会、信用协会及监管部门,通过数据集合和信用模型的建立提供多维度的信用评级产品,并完善监督信息和信用结果公示制度,及时公示化工行业相关的行政许可、行政检查、行政处罚和信用评价等信息,督促化工行业内企业及时全面公开相关信用信息,在行业协会、监管单位等机构下辖的信用公示平台公示企业信用监管信息,方便公众查询和社会监督。不断强化政府监管责任,加强监管联动,建立部门之间沟通协调、联合监督执法、多部门联合惩戒等具有长效性、约束力的监管执法长效机制。

化工行业就是从事化学工业生产和开发的企业和单位的总称。化学工业在各国的国民经济中占有重要地位,是许多国家的基础产业和支柱产业。化学工业的发展速度和规模对社会经济的各个部门有着直接影响,世界化工产品年产值已超过 15 000 亿美元。在国家对化工行业环保问题的整治力度不断加大的背景下,如何建立科学的环保管理信用体系尤为重要。

近年来,我国在化工企业的污染防治方面工作力度不断加大,但是化工企业由于受技术水平、观念认识等方面的限制,依旧处于被动环保阶段的化工企业是在法律法规和政府部门的约束下,以一种不得已而为之的心态被动地考虑环境保护。由于环保经验欠缺、环境保护管理体系还不够完善,规范性还存在不足,实现化工企业主动、积极地开展环境保护工作还有漫长的路要走。在国家对化工行业环保问题的整治力度不断加大的背景下,科学的环保管理信用体系尤为重要。大部分化工企业还处于被动环保阶段，其对环保体系的建设还不够完善，环保意识和经验均较为薄弱，这对监管部门的日常监控带来了巨大的挑战，不利于整个化工行业的环保治理。

目前，大数据分析可以有效地为化工行业环保监管提供帮助，辅助推进化工企业环保信用体系的建设。通过将化工企业日常的生产经营情况、环保设备的投入情况、环保处罚等信息导入信用等级评价管理平台，有效地对企业实施数据监控。平台的建立将为化工企业的上下游合作方、监管单位提供数据监控服务；对于化工企业的上下游合作方来说，可以有效规避该化工企业因环保问题而被停产的潜在风险，起到预警作用；对于化工企业的监管单位来说，可以实时对企业进行监控，及时发现企业存在的潜在风险。

基于大数据分析的化工行业信用等级评价管理平台是推动化工行业信用体系建立，信用健康发展和信用风险评估的有效应用；平台是实现监控成果可交付、可管理、可查询、可入库的数据管理中心。平台将为化工产业集群提供信用管理体系保障，促进行业健康发展。

平台可以发挥行业带头作用，逐步实现化工行业信用风险评估体系及信用管理系统的落地。虽然，目前化工行业在信用体系建设，尤其是环保认知方面仍存在很大的不足，但是平台的落地，将逐步改善整个化工行业的信用环境。企业将逐步从被动环保转向主动环保，实现行业自律，促进信用环境的发展。

平台旨在打造化工行业信用风险平台，实现行业内企业的信用体系建设并构建行业标准，包括：完善化工行业道德建设，重塑诚信价值理念；搭建化工行业信用平台；建立化工行业电子信用档案、化工行业信用评价机制；建立化工行业信用激励和惩戒机制。

平台可与环保局、安全生产监管局等政府监管部门实现联动，在数据合规的前提下，实现信息的共享。平台将为上述部门提供针对企业的实时监控数据服务，为监管部门助力，最大化提升监管效率。

平台搭建高级别信息安全系统及管理办法，保障所获取的企业相关信息、资质及文件安全合规。搭建符合企业评级评估所需的统一信用等级系统，持续支持企业信用评估评级需求。平台的系统在应用服务器之上,实现业务逻辑的快速部署和灵活调整,充分保证数据库系统的安全可靠访问。平台通过安全通信协议和角色权限管理功能,在软件层面提供通信安全和数据安全的双重保障,有效应对来自外部和未知访问的设置。

平台系统全流程各类型数据,如来自企业、行业传递的重要评级评估基础数据、评级评估过程数据和最终客户反馈交互数据。系统以化工企业、经营管理信息、公共记录信息等为基础支撑数据,构建信用信息的基础数据库,通过对基础数据的筛选、清洗,按照政府部门信用监管需求,形成相关的主体数据库并对最终客户反馈交互数据。

二、创新之处

1. 基于信用风险评估对象的特征建立信用分析模型的信控模型技术

在信用风险评估过程中所使用的工具,信用分析模型可以分为两类,预测性模型和管理性模型。预测性模型用于预测客户前景,衡量客户破产的可能性;管理性模型不具有预测性,它偏重于均衡地揭示和理解客户信息,从而衡量客户实力。

(1) Z计分模型;(2) 巴萨利模型;(3) 特征分析模型。

2. 应用大数据技术

(1) OCR证照识别;(2) 大数据技术;(3) 上海倍通数据及方法论。

三、社会价值

1. 平台的建设以客户的需求和行业的发展为导向,整合市场资源,有助于形成行业标准,成为行业标准的贡献者,不断提升行业标准,为行业创造价值,推动行业的稳定快速发展。

2. 平台通过"创新+新技术+大数据"的方式保障平台的可靠性与时效性,用数据技术助力平台的风险控制能力,用专业助力社会创建诚信经营环境。

3. 系统利用大数据、机器学习,网络爬虫,DaaS对接等技术,采集源自互联网、政府公开数据、第三方数据平台和企业的各类经营、信用、监管等信息,形成企业信用基础大数据库,构建信用风险预警指标体系和信用风险预警模型,打造基于深度学习的企业风险预警系统,为用户提供智能化、精准化的企业信用风险预警服务。

（资料来源：上海倍通企业信用征信有限公司）

附 录

一、信用长三角区域合作重要文件(2010—2023年)

1.《长三角区域社会信用体系合作与发展规划纲要(2010—2020)》

2.《长三角区域社会信用体系建设"十三五"重点工作方案》

3.《长三角地区深化推进国家社会信用体系建设区域合作示范区建设行动方案(2018—2020年)》

4.《关于推进长三角城市群信用合作的方案》

5.《长江三角洲区域一体化发展规划纲要》

6.《长三角国际一流营商环境建设三年行动方案》

7.《长三角征信链征信一体化服务规范》

8.《长三角一体化发展规划"十四五"实施方案》

二、长三角信用大事记(2010—2023年)

1. 2010年6月,国家发展改革委在其网站上发布消息,正式印发长三角区域规划。

2. 2012年8月4日,上海市、江苏省、浙江省、安徽省信用管理部门就推动信用服务机构备案互认工作达成共识,签署了《长三角地区信用服务机构备案互认协议书》。

3. 2018年6月5日,上海市社会信用建设办公室、江苏省社会信用体系建设领导小组办公室、浙江省信用浙江建设领导小组办公室、安徽省社会信用体系建设联席会议办公室联合印发《长三角地区深化推进国家社会信用体系建设区域合作示范区建设行动方案(2018—2020年)》和《2018年重点工作责任分工表》。

4. 2018年9月8日,上海市社会信用建设办公室、上海市环境保护局、江苏省社会信用体系建设领导小组办公室、江苏省环境保护厅、浙江省信用浙江建设领导小组办公室、浙江省环境保护厅、安徽省社会信用体系建设联席会议办公室、安徽省环境保护厅联合印发《长三角地区环境保护领域实施信用联合奖惩合作备忘录》。

5. 2019年12月1日,中共中央、国务院发布《长江三角洲区域一体化发展规划纲要》。

6. 2020年9月9日,上海市社会信用建设办公室、江苏省社会信用体系建设领导小组办公室、浙江省信用浙江建设工作联席会议办公室联合印发《长三角生态绿色一体化发展示范区公共信用信息归集标准(试行)》《长三角生态绿色一体化发展示范区公共信用信息报告标准(试行)》。

7. 2021年6月21日,上海市社会信用建设办公室、上海市文化和旅游局、江苏省社会信用体系建设领导小组办公室、江苏省文化和旅游厅、浙江省信用浙江建设工作联席会议办公室、浙江省文化和旅游厅、安徽省社会信用体系建设联席会议办公室、安徽省文化和旅游厅联合印发《长三角旅行社综合信用评价指引(2021版)》。

8. 2022年2月28日,上海市社会信用建设办公室、江苏省社会信用体系建设领导小组办公室、浙江省信用浙江建设领导小组办公室、安徽省社会信用体系建设联席会议办公室印发《2022年长三角区域信用合作工作计划》。

三、长三角绿色金融地方政策(2020—2023年)

1. 2020年2月,中国人民银行、银保监会、中国证监会、国家外汇局、上海市政府发布《关于进一步加快推进上海国际金融中心建设和金融支持长三角一体化发展的意见》。

2. 2020年6月,上海市人民政府、江苏省人民政府、浙江省人民政府印发《关于支持长三角生态绿色一体化发展示范区高质量发展的若干政策措施》的通知。

3. 2021年10月,长三角地区地方金融监管局局长圆桌会上,上海市、江苏省、浙江省、安徽省地方金融监管局共同签署《金融助力长三角地区达成"双碳"目标合作备忘录》。

4. 2021年11月,《长三角生态绿色一体化发展示范区绿色金融发展实施方案》发布。

5. 2022年8月,《长三角生态绿色一体化发展示范区碳达峰实施方案》出台。

后 记

本书是首部长三角信用服务行业发展报告，在上海市信用服务行业协会秘书处牵头组织下，由上海全球城市研究院、上海社会科学院、上海师范大学、上海市信用服务行业协会、远东资信评估有限公司等单位共同研究、讨论、编写。历时一年时间，汇聚了行业内长期从事信用服务领域的专家、学者、信用服务机构和政府相关部门，经过大家的共同努力，本书顺利出版。

本书从内容到形式旨在"立足长三角，面向全国"，梳理长三角信用服务行业发展的历程、发展现状、影响信用一体化发展的瓶颈问题及发展趋势，深耕营商环境及绿色溢出效应，理顺信用服务行业发展对中国式现代化高质量发展"接地气"的路径，为信用服务行业发展贡献中国智慧，提供中国方案。

本书内容撰写单位及人员如下："第一章　信用服务行业的内涵与分类"（上海市信用服务行业协会袁象、樊艺璇）；"第二章　信用服务行业的发展历程与趋势"（上海社会科学院王焕林、张安然、张然宇，上海市信用服务行业协会袁象、樊艺璇）；"第三章　长三角信用服务行业的发展现状与市场格局"（上海师范大学武英涛、张录美、朱莉雯、周敏艳）；"第四章　长三角信用服务行业发展的溢出效应"（远东资信评估有限公司曹晓婧、陈浩川、冯祖涵、简奖平、简尚波、于昊翔、张妍，上海师范大学张录美）；"第五章　长三角信用服务行业发展面临的问题与建议"（上海市信用服务行业协会袁象、樊艺璇，上海师范大学武英涛）；"第六章　信用赋能长三角高质量发展实践"分别由上海市经济信息信用中心王晓辉、浙江省信用中心陈海盛、江苏省联合征信有限公司、安徽征信股份有限公司等单位及人员提供；"第七章　信用赋能长三角市场创新案例"中政府信用产品案例分别由上海市浦东新区发展和改革委员会、上海市嘉定区发展和改革委员会、上海市普陀

后 记

区发展和改革委员会、上海市徐汇区发展和改革委员会、上海市黄浦区发展和改革委员会、上海市杨浦区发展和改革委员会、苏州工业园区社会信用体系建设领导小组办公室、杭州市发展和改革委员会、安徽省宿州市发展和改革委员会等单位提供,市场信用产品案例分别由商安信(上海)企业发展股份有限公司、上海风声企业信用征信有限公司、天翼征信有限公司、海豚行云(上海)科技有限公司、上海安硕企业征信服务有限公司、上海水滴征信服务有限公司、远东资信评估有限公司、上海仁馨健康管理咨询有限公司、浙江汇信科技有限公司、浙江浙里信征信有限公司、浙江有数数智科技有限公司、两山政品云科技(杭州)有限公司、江苏未至科技股份有限公司、合肥市征信有限公司、东方安卓(北京)征信有限公司安徽分公司、江苏联合征信有限公司、上海凭安征信服务有限公司、上海倍通企业信用征信有限公司等单位提供。本书最终定稿由上海市信用服务行业协会秘书处完成。

本书编写过程中得到了协会秘书处全体成员和浙江省信用协会以及信用相关单位的大力支持,在此一并表示感谢。

上海社会科学院出版社为本书出版做出很大的努力,在此表示感谢。

限于时间和水平,尤其是相关信息和数据不完全,书中难免有疏漏,不当之处敬请读者多加指正,以便今后不断完善。

上海市信用服务行业协会

2024 年 3 月

图书在版编目(CIP)数据

长三角信用服务行业发展报告.2024 / 上海市信用服务行业协会等编著. -- 上海：上海社会科学院出版社，2024. -- ISBN 978-7-5520-4413-3

Ⅰ.F832.751

中国国家版本馆 CIP 数据核字第 20242D3C55 号

长三角信用服务行业发展报告(2024)

编　著　者：上海市信用服务行业协会　等
责任编辑：沈明霞
封面设计：裘幼华
出版发行：上海社会科学院出版社
　　　　　上海顺昌路 622 号　邮编 200025
　　　　　电话总机 021-63315947　销售热线 021-53063735
　　　　　https://cbs.sass.org.cn　E-mail:sassp@sassp.cn
排　　版：南京展望文化发展有限公司
印　　刷：浙江天地海印刷有限公司
开　　本：710 毫米×1010 毫米　1/16
印　　张：14.5
字　　数：222 千
版　　次：2024 年 9 月第 1 版　2024 年 9 月第 1 次印刷

ISBN 978-7-5520-4413-3/F·785　　　　　定价：80.00 元

版权所有　翻印必究